胡琰琪 著

U0691298

探秘之旅

进翻译世界

九州出版社
JIUZHOUPRESS

图书在版编目（CIP）数据

探秘之旅：走进翻译世界 / 胡琰琪著 . -- 北京：
九州出版社 , 2021.5

ISBN 978-7-5225-0107-9

Ⅰ . ①探… Ⅱ . ①胡… Ⅲ . ①翻译—研究 Ⅳ .
① H059

中国版本图书馆 CIP 数据核字（2021）第 110235 号

探秘之旅：走进翻译世界

作　　者　胡琰琪　著

责任编辑　周　春

出版发行　九州出版社

地　　址　北京市西城区阜外大街甲 35 号（100037）

发行电话　（010）68992190/3/5/6

网　　址　www.jiuzhoupress.com

印　　刷　三河市德贤弘印务有限公司

开　　本　710 毫米 × 1000 毫米　16 开

印　　张　15.25

字　　数　201 千字

版　　次　2022 年 1 月第 1 版

印　　次　2022 年 1 月第 1 次印刷

书　　号　ISBN 978-7-5225-0107-9

定　　价　48.00 元

你知道什么是翻译吗？你肯定会认为翻译就是将一种语言翻译成另一种语言的活动。真的是这样吗？其实，翻译远没有想象的这么简单。翻译不仅有着丰富的内涵，还有着悠久的历史。自语言产生之始就有了翻译，翻译活动随着社会历史的发展内涵不断丰富，同时对社会的发展、文明的进步、国家间的交往发挥了重大作用。

翻译就像一个神秘的世界，吸引着一代又一代的人们对其进行探秘，吸引着人们观察它，研究它，使用它。你是不是也对翻译充满了兴趣呢？那么，你知道如何进行翻译吗？你知道准确、有效的翻译都需要掌握哪些内容吗？别着急，本书将带你走进翻译世界，揭开翻译的神秘面纱，认识翻译的真容，并掌握翻译的技巧，提升翻译水平和能力。

具体来讲，本书解密了翻译的本质意蕴，探寻了翻译的悠久历史，剖析了翻译矛盾，梳理了谁是真正的翻译主体，拓展了翻译的领域，追逐翻译之美，解析翻译批评，展开翻译实践。

除此之外，本书的栏目设置也别具特色：

【求知不倦】提出问题，引发思考，让你在求知的路上永不停息。

【译界探秘】探索译界相关人物与事件，让你全览翻译世界，透彻认识翻译本质。

【翻译链接】延伸翻译知识，丰富你的翻译认知。

【温故知新】总结全文内容，让你温故而知新。

本书不仅做到了理论与实践的结合，而且内容丰富，结构清晰，翻译实例更是易学实用。拥有这本书，何愁翻译能力不提升？

对翻译充满好奇，喜爱翻译，想要提升翻译水平的你，不要犹豫，随我一起走进翻译世界，开启探秘之旅，让我们一起探秘翻译本质，浏览翻译过往，感受翻译点滴。

目　录

第五章

挣脱语言束缚，看翻译如何在文化领域开疆扩土 / 109

第六章

难忘惊鸿一瞥，追逐翻译倩影之美 / 129

第七章

停下脚步沉思，如何评价翻译 / 151

第八章

漫步翻译之路，饱览"译"界好风光 / 173

第一章

踏上漫漫求索之路，
解密翻译本质意蕴

你知道什么是翻译吗？想必这一问题对你来说并不难，你肯定会说，翻译就是将一种语言翻译成另一种语言的活动。没错，但这仅仅是翻译活动的一部分，翻译不仅是一种语言转换活动，也是一种文化交流活动，而且涉及美学等领域。翻译有着明确的目的，有着一定的规律，而且对译者有着很高的要求。现在你还认为自己知道什么是翻译吗？翻译之路就是漫漫求索之路，了解翻译之路也是如此，现在就让我们踏上这漫漫求索之路，来解密翻译的本质意蕴吧！

你真的知道翻译是什么吗？ ----------- ◀◀◀

你知道翻译是一种怎样的活动吗？你知道中外学者对翻译进行了怎样的研究和界定吗？你了解翻译的本质意蕴吗？下面就带你走进翻译世界，近距离认识翻译。

translator

究竟什么是翻译？

简单来说，翻译是将一种语言转换成另一种语言的过程。通过图 1-1 就能直观了解这一过程。

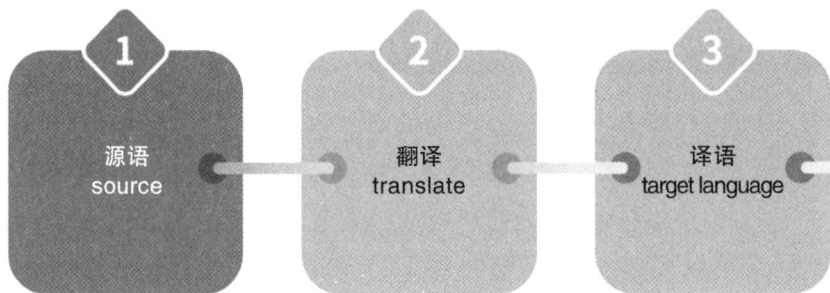

图 1-1　翻译的过程

可以看出，翻译在源语和译语之间起到了桥梁的作用，但就翻译本身来说，其内部活动十分复杂，远比上图所示烦琐得多。

自翻译产生以来，就发挥了巨大作用，并且吸引了人们的注意，引发众多学者对其孜孜不倦的探索。下面就对中外翻译学者对翻译的界定加以解释和说明。

美国翻译理论家尤金·奈达（Eugene A. Nida）指出，翻译是从语义到文体，在译语中用最自然、最贴切的对等语再现源语信息。

英国学者约翰·卡特福德（J. C. Catford）认为，翻译就是将两种不同语言中的话语材料进行等值替换。

苏联翻译学家费道罗夫（Fedorov）认为，翻译就是用一种语言将另一种语言的内容和形式都准确、完整地表达出来。

英国学者纽马克（P. Newmark）对翻译的认识是，翻译就是把一种语言转换成另一种语言的过程。

译 界 探 秘

走近尤金·奈达

尤金·奈达（1914—2011 年），这位赫赫有名的人物，有着众多的身份，他是美国著名语言学家，是著名的翻译家，也是著名的翻译理论家。他将自己的一生都奉献于《圣经》翻译，在翻译的过程中总结出了一套独特且经典的翻译理论，为翻译事业做出了巨大贡献。

如果要用一个核心概念来总结尤金·奈达的理论，那就是功能对等，又称"动态对等"。什么是功能对等呢？其实，功能对等就是指翻译过程中追求两种语言之间达成功能上的对等，而不追求文字表面的对应。那么，你知道功能对等是指哪几个方面的对等吗？实际上，功能对等涉及四个方面的对等，分别是词汇对等、句法对等、篇章对等、文体对等。

现在你对这一译界泰斗有了初步的了解，如果想要了解更多关于他的信息，不妨自己去深入查找，相信你会收获颇多。

不仅西方学者对翻译的概念进行了探索，我国学者也对翻译的概念进行了阐释。

在孙致礼看来，翻译就是把一种语言所表达的含义用另一种语言表达出来。孙致礼还指出了翻译的目的，即沟通情感、传播文化、促进社会文明。

刘宓庆用简单的话语概括了翻译的含义，即"翻译就是语际间意义的转换"。他的"语际间意义"包含图 1-2 所示的六个层面。

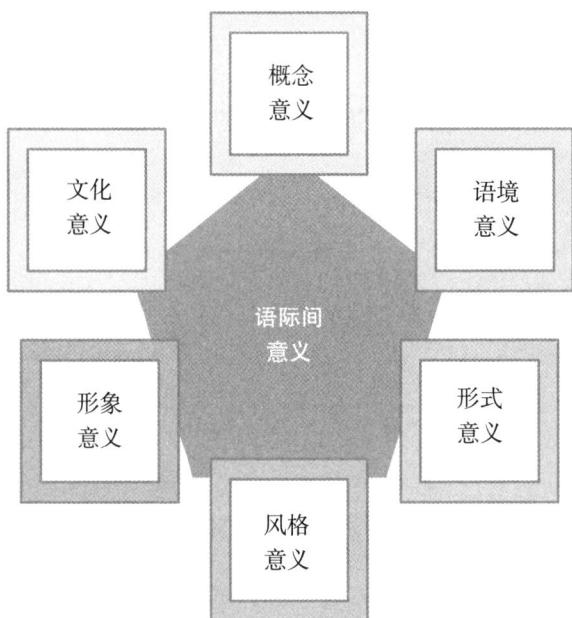

图 1-2　语际间意义的六个层面

　　张培基也针对翻译的概念发表了自己的看法，他认为翻译是用译语将源语所要表达的思想和内容准确、完整地传达出来的过程。

　　明显可以看出，上述中外学者对翻译进行了不同的解释，虽然说法各不相同，但都准确阐述了什么是翻译。那么，现在你知道什么是翻译了吧！

翻译本质揭秘

　　了解了翻译的概念，但是你认识翻译的本质吗？你知道翻译本质上是什么吗？下面就带你揭开翻译的面纱，认识翻译的本质（图 1-3）。

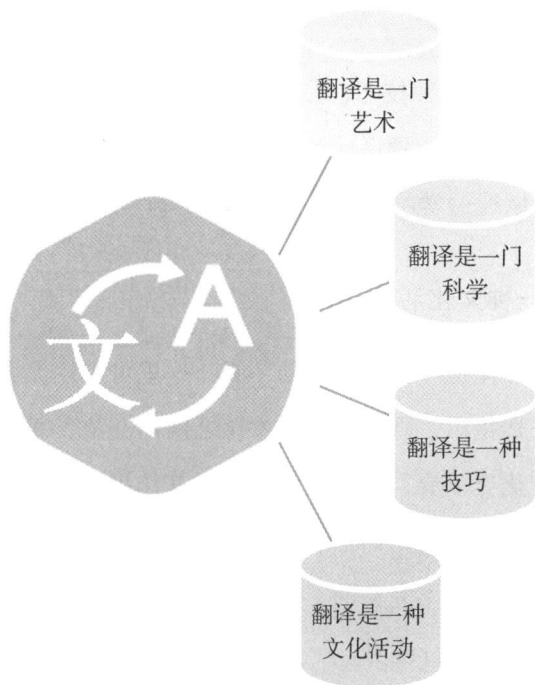

图 1-3 翻译的本质

◆ 翻译是一门艺术

为什么说"翻译是一门艺术"？这是因为翻译本质上是译者思维再创造和再创作的过程。译者要想译出优秀的译文，就要具备丰富的知识，进行一定的修改，掌握翻译的科学性和艺术性，也就是掌握再创作的艺术技巧。

◆ 翻译是一门科学

从本质上来说，翻译是一门科学，这是因为翻译有其本身的方法与规律，而且与其他学科，如语言学、修辞学、语法学等有着紧密的联系，科学性十分明显。

◆ 翻译是一种技巧

之所以说翻译是一种技巧，是因为翻译本身讲究具体的技巧和方法，需要借助一些技巧来完成翻译活动。而且，这些技巧和方法是可以学习并传授的，译者可以通过学习、练习翻译技巧和方法来提升翻译能力。

◆ 翻译是一种文化活动

为什么说"翻译是一种文化活动"呢？这里可以用尤金·奈达的话来解释。尤金·奈达指出，翻译是两种文化之间的交流，相较于掌握两种语言，熟悉两种文化更重要，因为语言只有在其作用的文化背景中才具有意义。一个个翻译实践证明，如果脱离文化背景而去谈翻译，那么翻译的结果必然会是扭曲的，是不完整的，也达不到翻译的目的。为了更透彻地了解这一点，下面举例进行说明。

You can't teach old dogs new tricks.

你无法教老狗新把戏。（误）

上年纪的人学不了新玩意。（正）

如果不了解西方中 dog 的文化含义，就很容易将英语原文错译为"你无法教老狗新把戏"。在西方国家，狗被当作人类的好朋友，所以 dog 是一个褒义词，可以表示人。了解了这一文化背景，就能准确理解原文，也就能准确进行翻译了。

翻译链接

翻译的四要素

都知道翻译是一个语言转换、文化交流的活动，那么你知道翻译这一活动和过程都包含哪些要素吗？下面就通过图 1-4 带你认识翻译的四要素，也就是涉及的四种人。

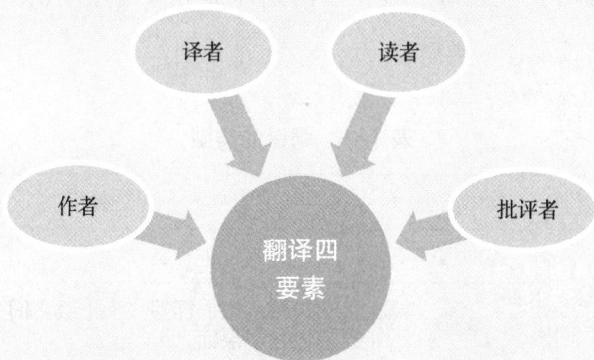

图 1-4　翻译的四要素

作者是原作品的创作者，译者要想准确翻译原作品，首先要全面了解原作品的作者，具体包括了解作者的生平、写作风格、创作目的、创作背景等。

译者是整个翻译过程中的重要组成部分，有着多重身份，既是原作的读者，也是创作者，更是自己译作的读者和批评者。

一直有人认为，在翻译这一活动中，并不涉及读者，读者并不发挥任何作用。其实不然，试想一下，没有了读者，翻译的目的何在？开展翻译活动，就是为了有人阅读译作，所以在翻译过程中，译者要考虑读者。

翻译中为什么还包含批评者呢？这是因为翻译批评者可以站在翻译理论的高度对译作展开准确、客观、全面的评论，进而对译者的翻译工作起到指导作用。

翻译分类解读

你认为的翻译是哪种翻译呢？直译还是意译？全译还是摘译？实际上，翻译有多种类型，每一种类型的翻译都有其适用范围。下面就通过表1-1为你解读翻译的类型。

表1-1　翻译的类型

分类依据	具体类型	含义解析
根据语言等级分类	逐词翻译	以单词为单位进行翻译
	意译	追求传神达意，能够在上下级之间变动，甚至可以超出句子层面
	直译	介于逐词翻译和意译之间的翻译
根据翻译范围分类	全文翻译	原文中的每一部分都要用译语文本加以替代
	部分翻译	原文中的某一部分不翻译，直接搬入译文
根据翻译层次分类	完全翻译	用译语中的词汇和语法对源语中的词汇和语法进行等值替换
	有限翻译	仅在某一个层面上用译语文本材料对源语文本材料进行等值替换
根据语言符号分类	语内翻译	属于同一种语言内部两种语言符号之间的阐释，如方言与方言
	语际翻译	用一种语言文字对另一种语言文字进行表达，属于两种不同语言之间的翻译，如英语与汉语
	符际翻译	用非语言符号系统对语言符号系统进行解释，如语言与手势语间的翻译
根据所涉及的语言分类	母语译成外语	如汉译英、汉译法
	外语译成母语	如英译汉、法译汉
根据内容题材分类	文学翻译	如诗歌、小说、散文、戏剧等文学作品的翻译，注重语言修辞、情感内容、风格特征的表达
	实用翻译	如商务文体、法律文体、科技文体等实用文体的翻译，注重实际内容的表达

（续）

分类依据	具体类型	含义解析
根据处理方式分类	全译	从头到尾、逐词逐句对原文进行翻译
	摘译	根据一定的要求，如出版要求、读者要求等，摘取原文的一部分进行翻译
	编译	对一篇或几篇原文的内容进行串联翻译，属于特殊形式的翻译
	译述	属于一种创造性翻译，可以对原文情节进行删减，甚至可以改动原文体裁
	写译	为了消除读者阅读障碍而采用的引申、解释的翻译方法
根据翻译手段分类	人工翻译	具体又可以分为笔译和口译
	机器翻译	是现代对比语言学和智能科学结合的产物

当然，翻译的类型并不止上述罗列的这些，但通过上述内容便可知翻译类型的多样性。

译界探秘

语内翻译、语际翻译、符际翻译

通过表 1-1 基本上对这三种类型的翻译有了基本的了解，但是你知道这一分类是谁提出来的吗？他就是 20 世纪鼎鼎有名的美籍俄裔语言学家罗曼·雅各布森（Roman Jakobson）。他在《论翻译的语言学问题》一文中，将翻译分为语内翻译（intralingual translation）、语际翻译（interlingual translation）和符际翻译（intersemiotic translation）三种类型。

下面列举一些例子，你可以猜猜它们属于哪种类型的翻译。

例 1：

子曰："学而不思则罔，思而不学则殆。"

孔子说："只读书而不思考，会迷惘而无所得；只思考而不读书，会精神疲倦而无所得。"

例 2：

我很喜欢这篇文章。

I love this article.

例 3：

$S = vt$，即路程等于速度乘以时间。

你猜出来了吗？现在来告诉你答案：例 1 属于语内翻译，例 2 属于语际翻译，例 3 属于符际翻译。

你知道翻译的目的是什么吗？ ◀◀◀

○━━ **求知不倦** ━━○

　　没有哪一种翻译是盲目进行的，翻译本身是承载着一定的任务的。那么，你知道翻译的目的是什么吗？你在翻译过程中都带着怎样的任务呢？

　　对于翻译的目的，不同的人有着不同的认识。有人认为，翻译属于纯粹的个人行为，有着个人目的；也有人认为，翻译属于社会活动，具有社会目的。实际上，这些观点都存在片面性。下面就带你了解翻译的目的（图1-5）。

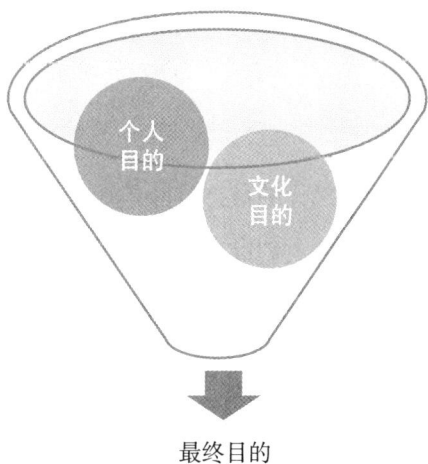

最终目的

图1-5　翻译的目的

明确的个人目的

译者作为翻译的主体，其翻译行为是受翻译目的制约的。就译者本身而言，其个人翻译目的就是将一种语言准确地翻译成另一种语言，从而完成翻译任务，同时借此崭露头角。

实际上，译者的翻译活动除了要考虑自己的目的，还要考虑赞助人和读者的目的，并且要平衡两方的利益。

高层次的文化目的

我们都知道，翻译是语言之间的沟通，但更是文化之间的交流。历史的发展和变迁造就了不同民族文化的不平衡，也导致了文化的先进与落后。文化相对先进的民族在输出自己优秀文化的同时也会引进其他民族的优秀文化，而相对落后的民族只能引进其他民族的优秀文化。在翻译活动中，人们是不赞同强行压制和取代的，而赞成文化之间的相互合作与交流，而这也就成了翻译工作的一个重要目标。

最终目的

要说翻译的最终目的是什么，那就是没有翻译。你是不是认为这就预示着世界上的人们以后会使用同一种语言？这样理解就错了。这一目的其实是从译者的角度来探讨最佳的目标，以及这一目标对译者所产生的影响。

为了实现这一目的，很多译者展开了探索和研究，而且提出了不同的观点和理论。但众多的翻译实践都证明，只要翻译存在，最终目的都只是一个美好的愿景。

翻译链接

翻译目的论

提到了翻译的目的，这里就带大家进一步认识一下翻译目的论。

作为功能派理论中最为重要的理论之一，目的论是由德国著名翻译理论学家弗米尔和赖斯（Hans J. Vermeer & Katherina Reiss）提出的。目的论认为翻译是一种行为，任何一种行为都有自身的目的，而翻译行为的目的决定了翻译所采取的方法和策略。这就是目的论的首要原则，即目的原则。目的原则认为，翻译的目的决定了翻译过程中需要直译、意译或者二者的结合。目的原则平息了多年以来关于直译和意译的争论。

目的论还包含另外两个原则，一个是连贯原则，另一个是忠实原则。连贯原则要求译文具有逻辑性，符合译入语的表达习惯，并且能够被读者理解。忠实原则是指译文不违背原文，与原文存在某种联系，但不要求完全与原文内容相同。

可以看出，翻译目的对翻译活动有着决定性的影响作用。

探
秘
之
旅

来了解一下翻译的复杂思索过程 ⤙ ◀◀◀

　　翻译活动就是简单的语言转换过程吗？当然不是。翻译的过程是一个复杂的思索过程，要经历多个阶段，考虑众多因素。那么，你知道翻译是怎样一个复杂的思索过程吗？你知道翻译过程要经历哪些阶段吗？

　　实际上，翻译这一复杂的思索过程要经历如图 1-6 所示的三个阶段。

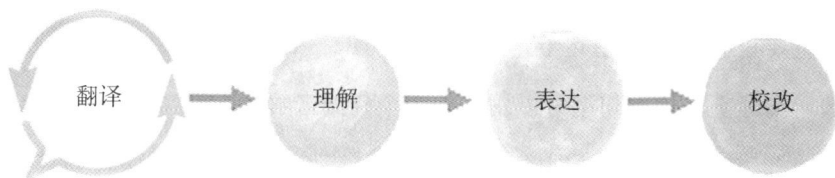

翻译 ➡ 理解 ➡ 表达 ➡ 校改

图 1-6　翻译的过程

透彻理解

在具体的翻译活动中，译者并不是一上来就进行翻译，在译出之前要经历一个理解的环节。这一环节十分关键，如果理解得不够充分或不够准确，那么将直接影响翻译的流利性和译文的准确性。所以，翻译的第一个阶段是透彻理解。

那么，在理解阶段，需要理解哪些内容呢？

首先，要理解词汇语境，也就是考虑词汇本身搭配的问题以及词汇的内在含义。例如，man and wife 不能按照字面意思翻译为"男人和妻子"，而应根据英语的固定搭配，将其翻译为"夫妻"。再如：

In the sunbeam passing through the window are fine grains of dust shining like gold.

细微的尘埃在射进窗内的阳光下像金子般闪闪发光。

英语中，fine 的基本含义是"好的"，但这样翻译显然并不准确，因此要根据具体语境将其翻译为"纤细""微小"。

其次，要理解句法结构，也就是理解句子的逻辑关系、语义关系等，从而确保译文准确。例如：

There was no living in the island.

那岛不能居住。

想要正确翻译上述句子，准确理解句型"there is no...＋动名词"是关键。实际上，这一句型可以用另外一个句型来解释，即"it is impossible to do..."，这样就能准确理解原句的含义了，也就不会将其误译为"那岛上无生物"了。

最后，理解文化背景，也就是理解语言背后的文化含义。语言与文化同生共存，语言本身往往蕴含着丰富的文化信息，如果不理解语言的文化背景，那么翻译将无法有效进行。例如：

He is always buying you expensive clothes, I'm afraid they are Greek gifts for you.

他总给你买很昂贵的衣服，我怀疑他没安好心。

如果不理解 Greek gifts 的文化含义，很有可能将其翻译为"希腊礼物"，这样不仅不能译出原文的内在含义，还会误导读者。实际上，Greek gifts 源自希腊神话中著名的特洛伊战争，喻指"阴谋害人的礼物"。了解了这一文化含义，理解原文是不是就简单多了？翻译的时候也就不会产生错误了。

充分表达

在透彻理解之后，接下来就是充分表达了。只理解不表达，翻译是不可能完成的。你知道在表达阶段应该注意哪些方面吗？

首先，要准确措辞。无论是在英语中还是汉语中，一词多义的现象十分常见，这就需要联系上下文来确定词语在源语中的含义，同时在译语中选择恰当的词语来表达，做到措辞准确。例如：

He put forward some new ideas to challenge the interest of all concerned.

他提出了许多新见解，引起了有关人士的兴趣。

看到上述句子的翻译你可能会提出疑问，challenge 的意思不是"挑战"吗，为什么翻译成"引起"呢？challenge 有"挑战"的意思不假，但很明显这里译成"挑战"并不符合汉语的表达习惯，因此需要根据上下文含义以及汉语的表达习惯将其译成"引起"。

其次，要语义连贯。表达时不仅要措辞准确，还要语义连贯，因为前言不搭后语的翻译不会被人理解，也不是好的翻译。保持语义连贯，就要从语篇角度理解原文，具备衔接意识，同时采用必要的方法对源语进行转换，从而确保译文表达连贯流畅。例如：

I wanted to be a man, and a man I am.

我立志想做个真正的人；我现在终于成了一个真正的人。

最后，要风格对等。翻译可不仅仅是表达出来就可以了，还要确保译文风格和原文风格的对等。原文风格严谨，而译文风格轻松，或者原文风格轻松，而译文风格严谨，这些都是不允许的。尤其是文学作品的翻译，如果译文丢失原文的风格，将会失去生命力。所以，在表达时，要注意译文与原文风格的对等。例如：

We do what we say we'll do；we show up when we say we'll show up；we deliver when we say we'll deliver；and we pay when we say we'll pay.

对于上述英文句子，有人将其翻译为"言必行，行必果"。不能否认，如果从含义方面来讲，这一翻译的确精简地概括了原文的意思。但是也存在明显的问题，那就是没有做到与原文风格的对等，而且也丢失了部分信息，所以这样的翻译是不妥的，应当根据原文风格译为"我们说做的事一定会做；我们说来就一定会来；我们说送货就一定会送货；我们说付款就一定会付款。"

仔细校改

是不是表达之后，得到译文，翻译就结束了？当然不是。表达并不代表翻译的结束，当获得译文之后，还要对其进行仔细校改。只有经过仔细校改，确保译文无误后，翻译活动才算结束。那么，校改活动都包含哪些方面呢？下面通过表1–2列出。

表1–2　校改注意事项

校改注意事项	从细节方面入手，检查人名、地名、日期、数字等方面是否存在错误
	检查译文中的词语、句子等是否存在误译、漏译情况
	检查译文中成语、修辞手法等是否有误
	检查译文中标点的使用是否正确，是否存在陈词滥调的表达等

当然，校改的内容远不止上述罗列的一些，除此之外还有很多，这里不再一一说明。

你是不是认为翻译到此就结束了？实际上还没有。校改至少要进行两遍，第一遍重点对译文内容进行校核，第二遍主要对译文加以润饰，确保译文流畅自然。如果时间允许的话，还可以展开第三遍校改，整体把握译文风格等，甚至可以请别人帮忙校核。只有经过多次校核之后的译文才能算作最后的译文，也才可以说翻译活动结束了。

翻译链接

标点符号要不要翻译？

在语言表达中，标点符号看似不起眼，发挥的作用却非常大，所以备受重视。那么，在翻译过程中，标点符号要不要翻译呢？答案是：要翻译。这是因为在翻译中，标点符号的准确翻译同样发挥着重要的作用。那么，标点符号该如何翻译呢？下面就通过图1-7带你简单了解一下如何在翻译中处理标点符号。

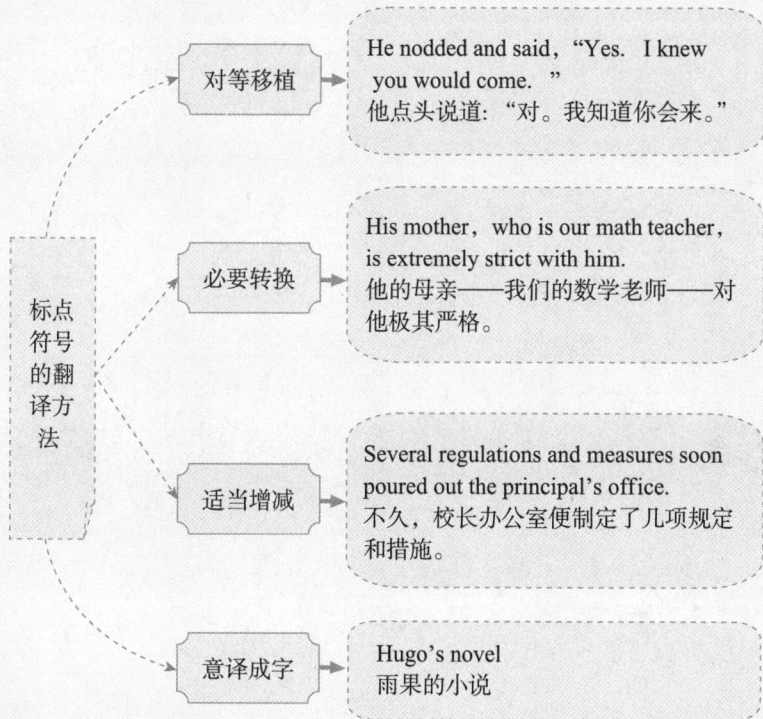

图 1-7　标点符号的翻译

通过图 1-7，你是不是对标点符号的翻译有了新的认识？这些实用的翻译方法也快快使用起来吧，这将对你的翻译十分有帮助。

探秘之旅

想要从事翻译可没那么简单 ----- ◀◀◀

你是不是认为只要具备一定的英语水平，再借助一本英汉词典，就可以进行翻译了？这样想就错了。翻译可不是那么简单的事情，它对译者的素质要求非常高，不具备较高水平和素质的人员，是不可能胜任翻译工作的。那么，你知道从事翻译需要具备哪些素质和能力吗？

较高的专业素质十分重要

◆ 扎实的双语功底

翻译活动涉及两种语言的转换，译者仅掌握一种语言是不可能顺利进行翻译的，这就要求译者具备扎实的双语功底。也就是说，译者要熟知两种语言的相同之处和不同之处，还要具备灵活运用两种语言的能力，这样才能自如地进行翻译。

既然具备扎实的双语功底如此重要，那么你知道如何培养双语能力、提高双语功底吗？下面就为你推荐几种方法。

首先要夯实语言基础。以英汉翻译为例，不仅要全面掌握英语知识，流利运用英语，还要拥有上乘的汉语功底，对汉语有一定的研究和造诣。

其次要多阅读中英文原著。大量的阅读可以提升语言感知能力和文化素养，这对在翻译过程中透彻理解原文，准确传达原文含义，体现原文思想和风格都大有裨益。

◆ 必备的翻译理论与技巧

翻译有着很强的实践性，这是众所周知的，但这样就不需要具备翻译理论知识了吗？当然不是。实践是离不开理论的指导的，具备一定的翻译理论，可以更好地了解翻译的性质、标准等，可以更有针对性地指导翻译实践活动。

理论与实践是共存的，译者不仅要具备一定的翻译理论知识，还要掌握一定的翻译技巧，这样才可以在翻译活动中做到灵活自如。

◆ 广博的文化知识

要想进行翻译活动，仅仅具备双语能力和翻译理论与技巧是远远不够的，还需要拥有广博的文化知识。这是因为翻译涉猎的范围十分广泛，涉及政治、经济、科技、历史、文学等各个方面，这就需要译者具备丰富的文化知识，并掌握相应的专业知识，从而完成准确的理解和翻译。

基本职业素养必不可少

◆ 较强的责任感

从事任何职业都要遵循该职业的基本操守，翻译也是如此。译者不仅要有较高的专业素质，还要有基本的职业素养，首先表现为强烈的责任感。译者的责任感具体体现为忠实和尽责两个方面。忠实就是准确、完整传递原文的内容和含义，不随意删减或篡改。尽责就是坚持良好的职业道德观，在翻译中不瞎编乱造，不胡乱翻译，同时保护所翻译的内容不外泄。

◆ 团队协作意识

翻译活动是一件耗时耗力的工作，有时很难由一名译者独立完成，需要多名译者协作配合，这就需要译者具有良好的团队协作意识，能够与其他译者通力配合、并肩协作，保证翻译任务完满完成。

◆ 敢于创新的精神

既然翻译讲究准确、忠实，还有必要追求创新吗？实际上，创新意识是每一个领域和行业的工作者都必须具备的素质，翻译工作者也是如此。翻译本质上就是译者的一种创造性活动，为译者保留了很大的创造空间，译者可以在忠实原则的基础上进行二度创作，运用各种翻译策略进行创造性的翻译活动。

◆ 良好的心理素质

翻译活动具有不可预测性，即使是经验丰富的译者，在翻译过程中也会存在紧张情绪。所以，译者要具备良好的心理素质，也就是无论在任何情况下，都能克服紧张情绪，有效进行自我调节，勇于承受压力等。译者在翻译之前，应做好充分的准备，如熟悉翻译背景、了解翻译内容等。

译界探秘

译者的"工匠精神"

译者要具有严谨认真、精益求精的"工匠精神"，可以发现，很多中外翻译大家身上都体现出这样一种精神。下面就来说一说翻译家杨绛的翻译精神。

杨绛先生是我国著名的作家、翻译家，其成就覆盖多个领域。杨先生学贯中西，对翻译颇有研究，而且成就突出，翻译精神更是令人钦佩。

杨先生有着敢于挑战和持之以恒的精神。为了翻译《堂吉诃德》这部文学作品，杨先生自学西班牙语，前后历经二十多年，终于完成翻译，并正式出版。杨先生在此其间承受的压力、遇到的困难、付出的心血是可想而知的。

杨先生有着严谨执着的精神。为了翻译好《堂吉诃德》，杨先生几次修订，而且每次都十分精细严谨。正是由于杨先生一丝不苟的翻译态度，以及出神入化的汉语功底，才使得译文与原文达到形近神似。

杨先生在翻译过程中还体现出淡泊名利、豁达大度的精神。总之，杨先生的翻译精神值得每一位翻译工作者学习。

温故知新

在漫漫求索之路上，你是否解密了翻译的本质意蕴？是否对翻译有了全面的认识？下面我们就来复习前面学习的内容，加深对翻译的理解和认识。

1. 翻译历史悠久，引来不同时期的不同学者对其进行探索，所以翻译有着不同的概念和定义，但在翻译的本质上的认识是一致的，即都认为翻译是一门艺术、一门科学、一种技巧和一种文化活动。

2. 根据不同的分类标准，翻译有着不同的类型，而且有着不同的适用范围。如果你感兴趣，不妨再列举一些翻译的其他类型。

3. 翻译有着不同的目的，有个人目的、文化目的，还有最终目的，而且不同的目的决定了翻译过程中所运用的方法和策略等。

探秘之旅

第二章

推开沉重历史大门，
探寻翻译悠久历史

现在我们已经对翻译有了基本的了解，它可不是近几年新生的产业，而且在滚滚历史文化长河中占据了非常重要的位置。中西方学者曾从用途、文法、文化等不同的角度，各抒己见，就翻译理论提出了各种各样的观点。现在让我们一起穿越到那个百家争鸣的年代，来感受翻译的成长足迹。

中国翻译历史可谓源远流长 - - - - - - - - - ◀ ◀ ◀

求知不倦

　　纵观我国上下五千年历史，很久之前，我国就与外国有了各种交流和往来，而对外无论是商业交流还是文化交流，无一不需要语言作为桥梁。那么，这种文化交流是从什么时候开始的呢？中国翻译又是如何前进的呢？

中国翻译何时开启？

　　翻译活动并不是凭空发生的，而是随着各国越来越频繁的交互往来、语言的转换传达应运而生的。当然，翻译最开始并不是我们现在常常提到的汉译英或英译汉，由于交通的不便和科技的落后，曾经的翻译活动还只限于各诸侯国之间，这是翻译的雏形，也是中国翻译史的开端。但文字记载的翻译活动远远晚于诸侯国兴盛的春秋战国年代，直到汉代《礼记·王制》中才提到了"翻译"。而中国翻译理论的发展成熟，则是由佛经翻译开始的。

◆ 佛经翻译活动的开始

东汉末年，佛教从印度传入中国，但满是梵文的印度佛经无法被中国百姓接纳，所以由梵译汉的需求应运而生。但没有相关的经验，也没有前人的指导，最开始，佛经的翻译只限于口授，人们把头脑里记住的佛经用汉语口述出来，就完成了翻译。早期的佛经翻译一般都是逐字逐句翻译，一是没有什么成熟的翻译技巧，二是出于对佛经的尊重。

◆ 佛经翻译活动的发展

到了东晋，佛经的翻译终于有了突破和进步。人们不再满足于赤裸裸的直译，他们领悟到，同样的含义与内容，用汉语表达时完全可以是另一种形式、另一种句式，所以意译法应运而生。人们在翻译方法和技巧上也突飞猛进，译文的质量得到了质的飞越。

◆ 佛经翻译活动的高潮

唐朝时期，佛经翻译终于迎来了其巅峰时刻。这其中影响最深远、历史意义最重要的莫过于唐玄奘的翻译理论了。虽然《西游记》只是神话，但历史中确有玄奘其人，他精通梵文，亲自去印度取经，虽不是降妖除魔但也是历经磨难，终于到印度佛教圣地求学取经。他在翻译理论上的成就，已经远远超脱于意译和直译的概念。他提出了具体的翻译方法，是我们现在翻译学习的基础和根基，在当时那个年代，可以说是相当伟大了。所以，唐代的佛经译文质量都非常高，既不拘泥于形，也不完全脱离于式，实现了形神统一。

◆ 佛经翻译活动的结束

可惜进入宋朝后，佛经翻译的质量逐步下滑，尽管有着前人可以说相当完备的经验、理论、方法，但所出的译文常常不知所云，甚至上下错位，中国佛经翻译也渐渐退出历史舞台。

译界探秘

中国第一位翻译大师玄奘

玄奘（约 602—664 年），唐代著名高僧，尊称为"三藏法师"，俗称"唐僧"，是我国著名佛经翻译家。其最大的成就莫过于其 17 年的求学取经经历，归来后不仅与弟子们专注于佛经翻译工作，一生共译佛教经论 75 部 1335 卷，并且将自身游历事件编写成了《大唐西域记》，为世人了解世界做出了杰出的贡献。

玄奘的部分翻译方法总结如下。

（1）补充法。适当地添加一些词或句，以便更好地表达原义，帮助读者理解。

（2）省略法。不重要又显冗余的地方可以酌情删掉。

（3）变位法。根据汉语的表达习惯调整译文的语序。

（4）分合法。遇到复合词要根据需要选择拆分或合并。

（5）译名假借法。根据需要对常用的专门术语进行改译。

（6）代词还原法。将代词指代的具体名词译出来。

玄奘雕像

中国翻译进一步前进

虽然宋元后，翻译活动步入了低谷，但随着世界大门不断打开，不仅中国人要走出去，外国人也不断地要走进来，翻译活动重磅回归是必然的趋势。终于在明末清初，我国翻译发展迎来了第二次春天，而这时的翻译，更是远远超越佛经翻译，其覆盖内容广泛，包括文学、天文学、数学、地理学、生物学等，当时的人们急需科技的发展、生产的发展，因此有着强烈的科学诉求，翻译活动的活跃也就不难理解了。

　　当时，西方文化在中国传播最重要的途径就是传教士的涌入，以利玛窦为典型代表的西方传教士，为中西方文化碰撞做出了非常大的贡献，他们不仅仅传播西方思想，也与我国本土知识分子合作，共同翻译了很多各领域优秀的著作，最具代表性的莫过于利玛窦和徐光启合译的《几何原本》（前六卷）。同时，我国也有众多优秀的学者开始专注于文化科学交流，潜身研究翻译，最典型的就是清末严复的"信达雅"理论。

译界探秘

中西文化碰撞的领路人利玛窦

　　利玛窦（1552—1610 年），意大利人，传教士、学者。明朝万历年间来到中国。利玛窦作为最早在中国传教的传教士之一，为中西科技与文化交流做出了不可磨灭的贡献，对中国邻国日韩等国家认识西方世界也产生了巨大影响。

　　利玛窦在中国游历了许多地方，包括澳门、南昌、南京等，最后定居北京。利玛窦学富五车，广交文豪，很多学者都与他交好，其中最著名的是"圣教三柱石"——徐光启、李之藻和杨廷筠。徐光启与利玛窦合译了《几何原本》（前六卷）、《测量法义》等。李之藻也与利玛窦合作编译了《同文指算》等。

利玛窦

中国翻译百花齐放

五四运动将中国翻译推向了新巅峰，中国翻译也不断地出现其现代时期一次又一次的高光时刻。翻译活动频繁、翻译研究成熟、翻译讨论激烈，这是一个思想在不断开化、不断突破的阶段，马列主义和共产主义思想的涌入也不断强化中国新思想的迸发，翻译领域也在不断扩大，人们已不再满足于科学著作或学术著作的翻译，各种文学作品，如诗歌、剧本、小说等也逐一被列为翻译的对象，白话文翻译也由此产生。

当时对于翻译理论讨论最激烈的莫过于两个方面：一是翻译方法是直译还是意译；二是翻译标准是准确还是通顺。鲁迅曾提出"硬译""宁信而不顺"等理论；林语堂提出"忠实、通顺、美"，可以发现林语堂的观点和严复的"信达雅"主张不谋而合。但林语堂的追求目标是让尽可能多的人看懂文章，所以他一直致力于把"易懂"作为其译文的一个标准，避免晦涩、生僻的字眼，在语言雅中有俗、思想有高度的同时，表达又很接地气。

中国翻译未来可期

中华人民共和国成立后，我国无论是政治、经济还是文化、教育等方面都在不断发展和进步，翻译也一样，面对百废待举的中国，各国之间的交流越来越频繁密切，中国也迫切需要学习国外的先进技术和思想，翻译人才大量崛起，翻译事业空前发展，学者们不仅仅是讨论、研究翻译理论，更是将翻译发展成重要的行业，建立了协会、专业，为培养更多的翻译人才。

一方面，国内的学者们再次掀起对传统翻译思想推崇的高潮，先人留给我们的观点仍可结合现今的情况继续沿用、发展，最典型的莫过于"四论"的创立。另一方面，随着改革开放的开启，对外文化交流越来越方便，西方翻译理论在中国的影响也越来越大。

如今，中国翻译行业人才济济，开设语言类专业的学校层出不穷，培养出了一批批优秀的译者，他们活跃在祖国发展的各个行业中，无论是科技、法律、金融，还是文化、娱乐、音乐，每一名译者都为祖国的对外交流做出了贡献。

西方翻译历史更是积厚流光 ····· ◀◀◀

○━━ 求知不倦 ━━○

　　中国翻译史源远流长，西方翻译史也是不相上下。西方世界国家和语言众多，注定了西方翻译会是一颗璀璨的明珠。相对来说，西方学者对翻译的研究其实要比中国更早且更成熟，我们很多翻译理念或观点都深受西方翻译学家的影响。那么，西方翻译的发展到底经过了怎样的历史演变呢？

　　按时间维度探索西方翻译史的话，我们可以大致将其分为四个不同的阶段，即早期、文艺复兴时期、近代以及现代。

西方翻译早期

　　西方翻译史最早可以追溯到罗马帝国时期，翻译伴随着罗马帝国兴盛而产生。一开始，人们主要是将例如《荷马史诗》等古希腊文学作品引进罗马，而出现了翻译。由此开始，整个欧洲大陆逐步受到古希腊文学影响，促进了自身的文化发展。后来，《圣经》等逐渐进入人们的视野，人们已不满足于仅仅翻译世俗文学，神学作品也逐渐成为当时西方翻译的重要内容。

当时就已经有学者开始研究翻译理论和翻译方法了，但其结果不成熟也不系统，而且翻译的地位和价值还没有完全释放出来。不过有观点就会有派别，当时主要针对直译和活译的话题进行讨论，形成了三大派，分别是活译派、直译派以及活译直译兼用派。

西方翻译遇到文艺复兴

文艺复兴绝对是人类发展史上不可或缺的一环，简单概括，文艺复兴就是重振曾经古希腊、古罗马在文学、科技等方面的辉煌，这也就注定了翻译会在这个阶段绽放光彩。文艺复兴不是一两个国家的事，而是整个欧洲的大运动，所以这个时期对翻译界最重要的影响就是，翻译已经不仅仅限于几个强国之间的互通有无，而是整个欧洲大陆互相学习、交流、发展，各种不同的语言同步发展前进。

英国因为本身的经济、政治力量就很强大，所以在文化交流上也是位于前列，只可惜虽然这时候也出现了一些脍炙人口的翻译作品，但无论是译者还是译作都不成体系。

这个时期的法国最著名的译者是阿米欧，其著有《埃塞俄比亚传奇》《名人传》等，他的翻译追求的是要与原作媲美，所以其译作可能需要较长的时间完成，但不可否认，其成就为后代无论是作家还是译者都带来了深远影响。他认为，首先，译者一定要明白原作想表达什么；其次，译者翻译的时候不应该经常停顿进行修饰，而应该一气呵成。

德国翻译此时最重要的成就就是，更尊重自己的语言风格和规则，而不是盲目模仿拉丁语。此时的译者几乎都有这种民族自豪感，他们的译文内容自然是基于原作的思想，理解原作的意义是一切翻译的基础，但在转化的过程中慢慢形成了自己的风格。

译界探秘

走近阿米欧

阿米欧（1513—1593 年），法国翻译家、作家。他从小学习古希腊语和拉丁语，后任大学教授，曾任查理九世和亨利三世年轻时的老师。其主要成就是翻译了几部重要的古希腊文学著作，包括《特阿革涅斯和卡里克勒亚》《达夫尼斯和赫洛亚》《希腊罗马名人比较列传》（简称《名人传》）等。其中，影响最大的莫过于《名人传》，其重大意义不仅仅在于这是一本优秀的译作，而是通过这个作品人们了解到了阿米欧的翻译观点。它的影响是法国甚至整个欧洲都通过他的译本更好地了解和学习到《名人传》的文学价值和思想价值，后世众多文学家都曾取材于此。为了更好地呈现优质表达，更好地传递原文的内涵，阿米欧也由此创造了许多词汇，对于法语这门语言来说，也是一个质的提升和进步，这些影响更是其他作家无法比肩的。

法国邮票上的阿米欧

西方翻译进入近代

步入 17 世纪后，受文艺复兴的影响，各国文化蓬勃发展，翻译也在这时再次出现高潮，不仅译文质量与之前相比大幅度提高，关于翻译理论的学术研究与探讨也十分活跃和热烈。这个时期颇具代表性的讨论包括翻译关注原文的文学特征、译作的优劣标准到底应该由谁评定、从语言学角度审视翻译等方面。

下面我们以英法德三国为代表，了解一下当时的翻译理论观点。

英国：译文一定要将原文的思想全部传达出来；译文一定要将原文的风格保留下来；译文一定是通顺、流畅的。

法国：译文应该保留原文的语序，无论是词语层面、句子层面、逻辑层面还是思想层面；译文应该保留原文的修辞手法和语言特点；译文应该和原文篇幅长度相当。

德国：虽然翻译并不完美，但翻译的作用无可厚非，翻译必须受到人们的重视；各语言虽然不尽相同，但总是能有办法互相连接；合适的译文是朴实的而不是华而不实的。

西方翻译进入现代

第二次世界大战对于翻译界来说也是一个里程碑似的界线。第二次世界大战之前，各国动荡不安，政治为核心，经济为支持，文化界必是战乱时期最大的受害者。虽然不是黄金时代，但战时造英雄，放在翻译界也是一个道理，特殊的历史背景下呈现出独特的翻译风貌。首先，译者们更注重译文的自然、通顺，弱化了精致和优雅，此时他们追求的是读者可以轻轻松松地阅读每一篇译文。其次，译者们开始翻译近现代作家的作品，而不再一味执着地抓着古典作品不放，新思想新风格吸引了他们的注意。然后，此时中西的外交也达到了一个高潮，自然而然各国西方译者也开始关注中国的优秀作品，包括《四书》、四大名著等。最后，当时苏联翻译独树一帜的存在使其非常具有代表性，最大的特点莫过于以马克思思想为指导，整体翻译特点呈现为忠实、准确、灵活。

第二次世界大战之后，各国政治、经济不断复苏，局势不断稳定，各种社会科学也在不断地回春甚至超越以往各个时候，翻译的研究更具体系也更科学。翻译不仅仅是翻译，它可以也应该结合各种不同的科学学科进行研究，比如语言学、心理学、哲学等。在各位学者的不断努力下，人们也意识到，翻译是一门独立于任何科学之外的学科，它本身就是一门科学，同时越来越多的优秀的学者也涌现出来，大家根据自己研究的方向、研究的思想、研究的领域等方面，形成多个不同的流派，每一个流派都对当今翻译学界产生着深远的影响，比如功能学派、结构学派、多元系统学派等。而且随着科技的不断发展，机器翻译也应运而生，由此翻译已不仅是社会科学的分支，随着技术的不断完善，翻译与自然科学的结合必会越来越精妙。

现如今，翻译已经成为一门既离不开人也离不开机器的学科，虽然机器翻译完全取代人为翻译的可能性几乎为零（尤其是文化类作品），但熟练使用机器辅助翻译必是翻译界的重要趋势。

翻译链接

认识机器翻译

1949 年，机器翻译的概念被正式提出。从此，翻译就不再是一项纯粹的人文活动。1954 年，机器翻译进行了首次演示。但翻译本身具有的文学性、美学性等特点，以及当时语料库技术相对落后等原因，机器翻译并不被世人看好，其一度陷入低潮。还好各位学者从未放弃，20 世纪 70 年代后，机器翻译终于复苏，利用机器进行翻译的可能性也在逐步增加。当然，这里的学科包含的领域众多，涉及语言学、计算机科学、数学等。直到现在，人们对机器翻译的需求越来越多，机器翻译也迎来了它的繁荣期。

机器翻译操作简单，输出译文迅捷，并且由于技术的更新迭代和语料库的实时更新，也使得机器翻译能够保持在时尚的前端。这些突出的优势都使其在追求高效的现代社会中占有重要地位。人们对机器翻译甚至产生了依赖心理。

但不得不承认，语言的复杂绝不是庞大的语料库能解决的。语言本身的特点如语音特点、字形特点等，这些人工翻译处理起来都相对困难的问题，机器翻译的输出往往是惨不忍睹的，更不用说涉及语言背后的文化逻辑了。有人说这就是机器翻译不准确的现实，但或许这也是机器和人最根本的区别吧。

MACHINE TRANSLATION

探
秘
之
旅

领略精辟独到的译家之言

求知不倦

　　翻译理论发展跟所有科学一样，都经历了漫长的探索过程。从一开始的不成熟、不成体系，到逐渐步入正轨，这是每一位翻译家尽心尽力的结果。这个过程既漫长又残忍，但彩虹出现前必然要面对风雨。各位学者各抒己见，站在不同的角度，结合不同的领域对翻译进行探讨。这其中有些观点可能已经随着时代的发展而被淘汰，但它们的出现仍然给予了后人无法取代的启迪。在悠长的翻译历史里，翻译家们到底给后人留下了哪些重要的翻译理论呢？

西方翻译早期的三大派

　　西方翻译早期出现的三大派指的是：活译派、直译派以及活译直译兼用派。

　　活译派：代表人物为西赛罗、贺拉斯。活译也就是现在我们所说的意译。西赛罗等人认为，直译是没有技术含量的，逐字逐句翻译是可笑的，译作不但不是原作的翻版，相反，要超于原作才对。翻译唯一保留的，就是原文的内涵而已，至于措辞语句则可另行发挥。

西塞罗

贺拉斯

直译派：代表人物为斐洛、奥古斯丁。早期西方翻译很重要的一部分就是《圣经》等作品的翻译，斐洛等人认为译者不可以发挥主观能动性，随意改动《圣经》中的用词、语序等，译者的任务只是把意义传达出来，所以应该逐字翻译。

活译直译兼用派：代表人物为哲罗姆。相对来说，哲罗姆就折中一些，他明白翻译时字字对应得出的结果必会很尴尬，尤其是文学作品，在翻译的时候，适当的灵活是必需的。但同时，他也接受直译的严谨和规矩，在处理某些文体风格的时候，直译可以很好地保留内容特质，比如神学作品，他就不建议过于灵活。面对直译与活译，哲罗姆没有把它们当作对立的两面，而是当成了左膀右臂，互为补充。

泰特勒的"三原则"

泰特勒（1749—1814年），英国著名翻译家。他在其名作《论翻译的原理》中提出了翻译三原则，对后世产生了重大的影响。该原则是评判翻译标准的标杆，而其最大的意义在于他认为翻译目的是目的，手段是手段，两者不可混为一谈。他也由此反驳了当时人们把译者比作画家的狭隘概念，虽然两者都以"原作"为基础，但画家没有限制和拘束，"模仿""一致"都可以作为优质画作的标准，而翻译则不尽相同，由于翻译涉及两种语言和文化，其中的障碍很多，译者要考虑和学习的东西也很多，如果真的只是一味模仿就好，那学者们也没必要讨论了，也就不存在直译和意译的论辩了，因此将翻译比作画家其实是相当不妥当的。

三原则的内容具体如下。

（1）译文应把原文的内涵完整地转译出来。（A translation should give a complete transcript of the ideas of the original work.）

（2）译文应把原文的风格完整地体现出来。(The style and manner of writing should be of the same character as that of the original.)

（3）译文文笔应与原文一样流畅通顺。(A translation should have all the ease of the original composition.)

西方翻译新时期的四大派

现代西方翻译理论的四派指的是：布拉格派、伦敦派、美国结构派以及交际理论派。

布拉格派：代表人物为雅各布森。布拉格派的核心观点是，首先，翻译一定要将语言的功能考虑进来；其次，翻译一定要比较语言之间的差异。在《论翻译的语言学问题》中，雅各布森提出了自己的论点：一是翻译可以分为语内翻译、语际翻译以及符际翻译；二是翻译影响了人们对词语的理解；三是唯有信息对等，译者才能实现准确翻译；四是语言的表达能力不分高低；五是翻译中的复杂问题在语法上。

伦敦学派：代表人物为卡特福德。伦敦学派的核心观点是，言语使用的社会环境决定了语言的意义。卡特福德认为：翻译是"用一种等值的语言（译语）的文本材料去替换另一种语言（源语）的文本材料"[the replacement of textual material in one language（SL）by equivalant textual material in another language（TL）]；翻译的基础是要确立两种语言之间的等值关系；译者可通过对比两种语言的特征进行学习；定义了翻译转换，并将其分类为层次转换和范畴转换。

美国结构派：代表人物为布龙菲尔德。美国结构派的核心观点是，语言的表层结构（字词、语法、规则等）不同，深层结构（思想、内涵等）一致。

交际理论派：代表人物为尤金·奈达。交际理论学派的核心观点是，翻译还要研究信息源、信息内容、信息接受者、信息反馈等媒介。奈达提出了"动态对等""功能对等"等翻译原则。所谓"动态对等"，是指译文应在文章表达效果上尽力保持与原文达到同等的效果，即译文的读者应该与原文的读者有着同样的感受和理解。所谓"功能对等"，是指译文和原文字词、句式等表层结构的对应相对次要，功能上的对等才是译者应该追求的结果。

走近严复

严复（1854—1921 年），清末著名启蒙思想家、翻译家、教育家，新法家代表人物。严复曾留学于英国，留洋的经历为其日后影响深远的翻译思想奠定了坚实的基础。他的思想先进锐利，提出了很多在当时看来无法超越甚至难以理解的理念。除此之外，他在教育学方面也颇有建树，所提出的三字翻译理论箴言几乎影响了几代中国译者。到底是哪三字箴言呢？具体如图 2-1 所示。

"信"：忠实于原文，准确地表达源语想要阐述的内容。"信"的重点在于，译者要充分理解原文，这里的充分理解，往往要考虑到上下文，考虑到文化背景甚至考虑到历史环境。不能只局限于文字表面，很多时候，原文想要表达的正是不在表面的深层含义。

"达"：译文要通顺，要用符合目标语的表达习惯翻译译文。"达"更倾向于掌握目标语的应用。不同的思想产生不同的文化，而不同的文化又会产生不同的语言。不同的语言之间的差别可以微乎其微也可以千差万别，当进行语言转化时，一定要用目标语使用者的说话方式来翻译源语的精神思想。

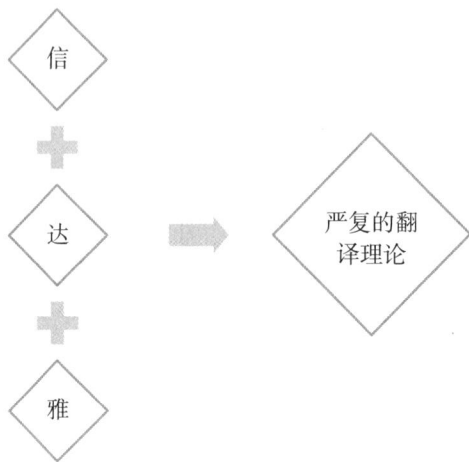

图 2-1　严复的翻译理论

"雅"：翻译的进阶。其实做到了前两条，翻译的工作可以说已经完成了，即让读者清楚明白地了解了原文的内核。但翻译不应止步于此，一篇文章还要做最后的修饰。这里的修饰并不一定是要用多高级的词语或多复杂的文字，它是对读者最后的尊重，即针对读者而进行的润色，从而使读者可以毫无障碍地阅读译文。

鲁迅和翻译

鲁迅（1881—1936 年），原名周树人，是我国历史上著名的思想家、革命家、文学家、翻译家……其思想造诣更是为中国接下来的发展带来了不可磨灭的影响。鲁迅除自己写书之外，在引进外国文学上也有着重要贡献。

与其"弃医从文"的思想领悟相同，鲁迅认为翻译同样对社会改革和改善国民命运有着重要作用，在他眼里，引进外国文学从来就不单单是文学层面的欣赏和品鉴，而是为了促进国人的思想解放和社会进步。

鲁迅提出"译文读者"的概念，他认为同样一篇原文，给不同的读者阅读就应该译出不同的译文。当然，现实不允许我们给每个人做一份译文，但可以把读者大致分类，如根据民众的受教育程度等，受高等教育和略能识字的人就不应该看同样的译文。

鲁迅提出"硬译""宁信而不顺"等理论，但注意，他想表达的是，如果鱼和熊掌真的不可兼得的时候，那宁可牺牲"顺"而保证"信"，因为"信而不顺"，可能一开始看不懂，但通过了解背景等多看看还是很可能懂的，但若"顺而不信"，读者理解的很有可能跟原文相差甚远，那会误入歧途。

中国现代翻译的"四论"

中国现代翻译存在"四论"，你知道是哪"四论"吗？下面就通过图2-2来认识一下吧。

"四论"即茅盾的"意境论"、傅雷的"重神似不重形似论"、焦菊隐的"整体论"、钱钟书的"化境论"。

茅盾的"意境论"：该理论强调翻译主要传达的是意境。何为意境？其实茅盾想表达的是，翻译已经远远超越语言之间的转换，或者翻译并不只是原文的分身，翻译本身也应该有自己的独特性，翻译本身也是创作，尤其对于文学翻译来说更是如此。茅盾"意境论"的重大意义在于，将翻译超脱于实用、通俗，而是上升到艺术的高级层面，同时也对译者提出了更高的要求。

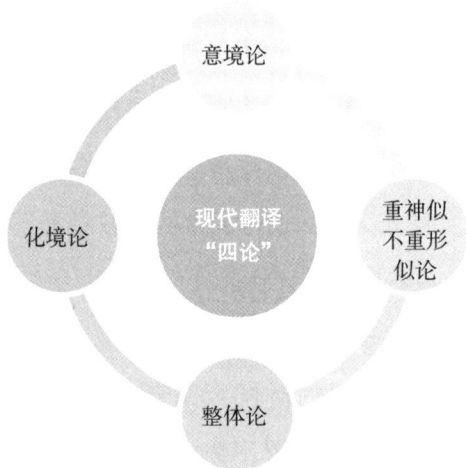

图 2-2　中国现代翻译"四论"

　　傅雷的"重神似不重形似论"：傅雷在《高老头》重译本序言中提出了这个理论，但"神似"并不是他先提出的，而且该思想核心也是一直以来各大翻译家所倡导的，包括严复的"信"，鲁迅的"硬译"，林语堂的"忠实"等。但似乎前代的理论更强调一种"真"，而少了一种"美"。傅雷提倡"神似"的重要意义在于其从古代美学的角度评论翻译，鼓励各位译者从文艺美学角度操作翻译，同样是把翻译上升到美学的范畴。

　　焦菊隐的"整体论"：顾名思义，所谓"整体"，即翻译不能句句翻译，更不能词词翻译。每一句甚至每一个词都是整篇文章的有机组成部分，翻译是不能脱离原文的大环境、大背景而独立进行的。在翻译一句话时，可能要看看上句看看下句，或者看看上一段或下一段，甚至要去查其他文章作为资料，所以翻译不可以脱离语境来操作。

　　钱钟书的"化境论"："化"是钱钟书先生对翻译追求的一种最高境界，是一种既不让目标读者感到生硬的翻译痕迹，又能保留原文独特的"洋味"（不仅限于外译中，中译外也同理）。

温故知新

翻译在人类历史发展进程中起着举足轻重的作用，虽然它的辉煌可能出现得相对比较晚，人们对于它的重视程度还有待进一步加强，但随着全球化进程的不断加深，人们对翻译人才的需求、对翻译质量的要求都在不断增加，翻译也注定成为社会科学里重要的一环。

1. 中国翻译最开始以佛经翻译为主，后随着国门不断打开，翻译涉及的领域不断增加，也慢慢开始出现了一些成熟的翻译理论，如严复的"信达雅"。到近现代，包括林语堂、钱钟书、鲁迅在内的优秀翻译家不断涌现，翻译研究理论也不断完善，中国翻译绝不只是西方翻译的模仿和复制。

2. 西方翻译可以追溯到罗马帝国时期，早期是以《圣经》翻译为主，随着文艺复兴的到来，整个欧洲大陆兴起翻译浪潮，译者们也接触了文学、科学等领域。文艺复兴结束后，大家对翻译标准的讨论格外激烈，随后第二次世界大战的到来也让译者根据世界的形势动态而调整着翻译的准则。到现在，翻译已经是一项人机结合的工作。

3. 不同的历史阶段，学者们有着不同的感悟，推动翻译一点点进步的，正是各位翻译家们通过研究、讨论、学习、实践而提出的种种理论。也许特定的理论有自身的局限性，但每一种理论都对如今翻译的发展有着重要作用。

探秘之旅

第三章

冷观争论之战，
剖析翻译矛盾

到底什么样的翻译才是好翻译？是忠实于原文的译文还是表达通顺的译文？是形式符合原文的译文还是思想与原文贴切的译文？是字字对应的译文还是灵活多变的译文？每一篇译文似乎都在这些要求下左右为难着，更重要的是，这其中的选项没有绝对的正确答案，这个标准就如跷跷板一样，面对不同的情况会有不同的结果。因此，翻译界就产生了一个与此相关的话题——翻译矛盾。下面我们就来探讨一下翻译都有哪些"大矛盾"，译者们又是如何解决这些矛盾的。

要从辩证的角度看待翻译矛盾 ◄ ◄ ◄

　　很多时候，翻译活动给人的感觉似乎是一个目标单一的直线运动，但仔细思考才发现，翻译时的每一次下笔，都是在权衡中做出选择，而这个选择，会根据原文、读者甚至译者的不同而得出不同的结果，

这似乎与我们的直觉认知有所差别，翻译有的不是唯一正解，它是一个开放性话题。那么，翻译到底存在哪些需要权衡的矛盾呢？又是什么原因造成了翻译的矛盾？

简单来说，翻译矛盾就是译者在翻译过程中遇到的两难处境，鱼和熊掌不可兼得的情况。站在不同的角度就会遇到不同的矛盾。比如，翻译应该贴合原作还是可以发挥创作？翻译应该保持作者的表达习惯还是应该迁就读者的阅读感受？翻译只是把原文的中心思想进行传达即可还是原文的外在形式也要模仿保留？这些令译者为难的问题，都属于翻译矛盾。

其中，译者要面对的一个主要矛盾就是翻译的标准矛盾，即忠实和通顺。这两个似乎是一篇优质的译文应同时具备的特点，是一种相辅相成的关系，何来矛盾？而实际上，译者经常要面对这样一种两难的情况，忠实于原文的话，输出的译文似乎不符合目标语国家的表达习惯，但如果完全转换成符合目标语的习惯表达，似乎又跟原文出现了偏差。

那么，为何会出现这样一对矛盾呢？

首先，我们要明白，忠实不只是思想内容的忠实，还包括形式的忠实，比如字词、句式、修辞等方面的忠实。那么，由于语言的差异性，在忠实和通顺方面的矛盾就展现得一览无余。语言的差异性包括基础的语音、拼写、语法，还包括受背后文化影响的词语联想和比喻等。举个例子，狐狸这种动物，在西方文化里，人们会认为它聪明或者可爱，但在中国故事里，狐狸被赋予了另一种特征——美丽。诸如此类的差异性就导致译者在翻译的时候，一要合理判断原文想表达的是什么观点，二要考虑译文会给读者带去什么样的感受，如果汉译英出现一句" as beautiful as a fox"，西方的读者一定会感到困惑。

再有，不同语言背后的逻辑通常也是不尽相同的。比如，英语的语言表达常呈现出一种树状的形式，越书面，这种形式越明显，并且英语里通常会把核心内容或结论先表达出来，再添加修饰或解释原因等。汉语的表达常常会将修饰语放置于核心词前，或先说明原因，最后推导出结论等，整个语言的排布也是一种点、线的姿态。比如：

This is a tree which is tall and green and under which children always play hide and seek.

这棵树又高又绿，孩子们经常在树下玩捉迷藏。

由此可见，翻译里矛盾的存在似乎是一种必然，想要彻底根除矛盾貌似不太现实。所以，正视这种矛盾，巧妙地取舍才是对翻译矛盾的正确态度。无论这其中的矛盾有多大，准确地把握和理解原文永远是翻译的前提，在此基础上，再结合原文文风、译文读者等因素，调控忠实和通顺的天平。

翻译链接

要忠实还是通顺？

忠实和通顺之间的矛盾涉及很多方面，语序、词性、短语、指代等，正是这种细节之处的矛盾，使译者时刻都要保持警惕，权衡左右。比如：

Ladies and gentlemen, welcome to the most anticipated event **in this** precinct's history. The **auction** for... " the suitcase of mystery". This **puppy** has been in the lost and found for ten years. **No one alive today** knows its content. **I'm happy** to say our boss has finally **given me permission** to auction it off.

女士们先生们，欢迎你们来见证**本片区有史以来**最令人期待的事情。我们要**拍卖**"神秘之箱"。这东西放在失物招领处有 10 年了。**至今没人**知道这里面装了什么。**开心的是，**老板终于**允许**我拍卖了。

1. in this precinct's history 在原文中的位置是句末，因为通常英语里表地点的短语都放在句末，而汉语里，"在……（地方）"这种表地点的词句通常都会放置在事件的前面，这种表达习惯的差异性，导致在翻译时间、地点状语等的时候几乎必须调整语序，无法忠实原文。

2. auction 在本句中词性是名词，译文里却把它处理成动词，这种词性的转换也是翻译中经常出现的不忠实的表现。原因在于，英语相对来说是一种偏静态的语言，同样的词根可以演化成若干不同词性的词语，虽然核心含义雷同，但语法意义是不同的；而汉语是偏动态的语言，大量动词的叠加和重复，可以实现更好的效果。

3. puppy 这个词，原义是"小狗"，就词语本身而言，它是不存在"箱子"的含义的。但这里，很明显我们不能完全忠实于原文将其译成"小狗"，那是大错特错的，根据上文可以判断，这里 puppy 是指要拍卖的"神秘之箱"，所以此处译成"东西""玩意儿"，或者译成"箱子"都是没问题的。

4. alive 的意思是"活着的"，放在名词后可表示"……是活着的"。这句的字面意思是说"没有一个活着的人知道箱子里的内容"，显然，alive 这个词译出来实属多余，毕竟已经离世的人是否知道箱子里有什么毫无意义。在原文里，用这样的词可以加强语气效果，但处理译文时若忠实于原文，就显得非常冗余，甚至奇怪。

探秘之旅

可译与不可译之辩 ----------------- ◀◀◀

　　翻译矛盾涉及的层面不只是翻译标准，不同文化的碰撞导致译者在做翻译的时候会遇到各种各样的困难，最典型的一个矛盾就是可译与不可译问题。表面理解貌似是有些内容可以翻译出来，而有些则不然，真的是这么简单吗？如果是这样的话，那"不可以"翻译出来的内容该怎么处理呢？如果真的译不出来，那最后读者拿到的译文还值得信任吗？还会是原作者想表达的思想感情吗？事情貌似不是这样的，现在我们就来了解一下可译与不可译的问题。

翻译是一种语言的转化，比如"铅笔"转化为"pencil"，"书本"转化为"book"。但逐渐地，学者们发现他们遇到了越来越多不可转化的情况。由此，关于可译与不可译的讨论和争辩拉开帷幕。卡特福德认为，不可译有语言层面的，也有文化层面的；张羽佳认为政治因素也会产生不可译的结果；傅仲选认为有些不可译是相对的，而有些是绝对的……关于可译与不可译的争论从未停止，随着文化的不断更迭，讨论会更加激烈。

可译性问题

可译与不可译是两个相对的概念，所以可译性我们可以理解为原作品的思想和主旨可以在一定程度上用目标语传达出来，程度越高，可译性越强。

◆ 相通的成长经历

虽说每个国家都有自己独特的教育体制、法律体制、医疗体制等，似乎每个人的生活经验都是独一无二的，并且这个独特性甚至都不用到国家的层面，国内、一个省甚至一个家庭出生的两个孩子也不可能有一模一样的生活。但如果放大了看，普遍来说，人的成长都是从牙牙学语到步履蹒跚的过程，我们都要上学读书，到社会历练，与爱人结合并养育下一代。不仅如此，其实人与人之间的共性可能比我们想象得还要多，比如你多找几个朋友"吐槽"一下妈妈或者女朋友，也许你会发现你并不"孤独"。

说这些其实是想说，这种经历具有一定的普遍性，所以原作者和译者也不例外，他们之间必然会存在一些共通的体验，小到日常生活，大到逻辑三观，这种共通的经验是译者理解原作者的基础，更重要的是，这种共通的经验使原文的思想主题转化为另一种语言的可能性大大提高，即翻译是可译的。

◆ 共同的语言功能

语言是一种工具，人们用语言来表达、交流、记录……不同的语言使用不同的符号，英语是"I love you"，法语是"Je t'aime"，但无论用哪种符号，都表达了人们心中真挚的情感。这种功能性的统一就使目标语中有相应或相关表达同样思想感情的用法的可能性大大增加，从而也提高了翻译可译性的程度。

◆ 不断"变小"的地球村

其实历史已经告诉我们，人们交流往来的意愿从未停止过，但随着科技和经济的进步，这种沟通变得日益频繁和紧密，全球化使得每一个人的命运都与彼此息息相关，不分国界。而在打开国门彼此学习的过程中，文化、思想、风俗、习惯等的融合就是一个必然的结果。在融合的促进下，语言作为交流的工具和符号，就不得不与时俱进。也许餐桌上多了来自大洋彼岸的食物，所以我们要为这个新食物命名，比如"比萨"。或者我们自己的独有的文化走出国门发扬到世界各地，那外国友人也会为此而更新自己的语言体系，比如"Kungfu"。就在这样一来一回的礼尚往来中，文化得到了促进和交流，语言也变得丰富而多彩，翻译的可译性的实现也有了更大的可能。

不可译性问题

相对地，当我们无法很好地表达原文的内涵的时候，就产生了不可译的问题。

◆ 不同的语音

不同的语言有不同的发音，作者往往会利用这些语音来达到某种效果，比如一音多字不同义、双关、押韵等。在处理一般性说明文字的时候，这种问题不太常见。多数情况，是在翻译文学作品的时候，尤其是诗歌，无论是汉语或英语还是其他语言都有类似的问题。比如：

Two roads diverged in a yellow **wood**

And sorry I could not travel **both**

And be one traveler, long I **stood**

And looked down one as fas as I **could**

To where it bent in the under **growth.**

这是由美国诗人罗伯特·弗罗斯特所作的诗歌《未选择的路》（*The Roda Not Taken*）的第一节，每句的尾词都是一个韵脚，当然严格意义上说，一三四行押 /d/，二五行押 /θ/。除了诗歌本身的主旨和内涵外，这里语言本身的节奏和韵律也是极美的。这就极大地增加了翻译的难度，当然这并不是说一定做不到，而是非常考验译者的汉语素养。

参考译文：

黄色的树林里分出两条**路**

可惜我不能同时去涉**足**

我在那路口久久伫**立**

我向着一条路极目望**去**

直到它消失在丛林的深**处**。

（顾子欣 译，顾子欣，1996：133）

上述译文由著名诗人、翻译家顾子欣所译。可以看出，译者并没有严格按照原文形式进行翻译，也没有完全沿用原文的韵脚，但译文中五句有四句都实现了韵律，已经是非常难能可贵，整个译文语言简练，清新灵动。

◆ 不同的形态

汉语是典型的表意文字，而英语是表音文字的代表，这种语言体系的差异就使得在翻译过程中很多利用文字特点组成的句子，在另一种语言中几乎是不可能实现的。比如：

一个人累了就可以靠在树（木）上休息一下。

这里说的是"休"这个字的构成规则。"休"由一个"人"和一个"木"组成，"人"变形为单人旁，而"木"既有树的含义，又有组成字的形态形象，很明显作为表音文字的英语或其他语言，是无法准确地描述出这层含义的。

参考译文：

One may take a rest by leaning on the tree.

"休息"在英语里是 rest，很明显它不是由"人"（people/person）和"木"（wood/tree）构成的，所以这里这层组字的含义几乎就缺失了，只能以翻译句意为主。当然如果篇幅或内容允许的话，可以就这种造字规则做解释说明，或者以添加注释的方式将其中暗含的规则表达出来。

◆ 不同的民俗

前文提到，放大了看，人类的生活经验是有共通点的，那我们现在缩小了看，这种民风民俗的差异就会是天差地别。举一个最典型的例子，就是中西对亲属的称谓表达。我国是一个礼仪之邦，不同的人有不同的身份，对应着不同的称呼。西方则不然，他们是一个可以直呼自己长辈名字的国家。当然这里没有孰优孰劣，但这种差异性在一些特定的语境下，就会给译者带来很大的困扰。

比如，我们有大姨、二姑、三舅妈、四婶婶……英语只有 aunt；我们有大舅、二叔、三姨父、四姑父……英语只有 uncle；我们有表姐、表哥、堂弟、堂妹，英语只有 cousin；我们有嫂子、弟妹，英语是 sister-in-law，而且严格意义上讲，这两个词并不能任意互译，嫂子、弟妹在汉语里可能是称呼也可能是身份，而英语里没人会称呼嫂子为 sister-in-law，这是在对别人介绍身份的时候才会用到的词语。其他亲属的名称同理，而且准确来说，我们汉语里每种称谓所代表的内含也许不只是身份这么简单，它可能暗示了其才华、学识、品德等，而在英语里，这种称谓多是起着一种法律界定的作用。

译界探秘

卡特福德和不可译性

卡特福德是英国著名翻译家，其著作《翻译的语言学理论》（*A Linguistic Theories of Translation*）在译界有深远影响。在书中，卡特福德提出了"替换"的概念，即翻译是不同语言对等文本的相互替换。当这种替换失灵的时候，就出现了不可译的现象。卡特福德根据不可译现象产生的原因，将其分类为语言不可译和文化不可译。

语言不可译：卡特福德提出，语言不可译最典型的情况就是一词多义问题。有时候说话人会通过一词多义使用一些语言梗，比如双关，

这时候目标语想同样实现双关就非常困难了。或者有些语言的词语有引申含义或者暗示等，比如韩语里对人的称呼，同样是"哥哥"，男生和女生的用法就是不一样的，阅读原作可以马上知道说话人的身份，但若译成汉语，就无法推测了。

　　文化不可译：卡特福德认为源语的语境特征在目标语里缺失就是文化不可译。比如中国北方的搓澡文化，这是无法直接译出来的。

　　由此可见，人们之间共性和差异性的交叉存在，是可译与不可译的前提，并且模糊了它们之间的绝对界线，两者之间更是一个相对程度的比较问题。文化相通的地方越多，可译性就越大；文化差异性越大，不可译性就越明显。

探
秘
之
旅

"异"与"同"之争 ◀◀◀

　　翻译策略也体现了翻译矛盾，最典型的莫过于归化翻译法与异化翻译法。这对矛盾的产生不能算新鲜，因为策略就是用来解决问题的，策略的矛盾其实就是标准和问题的矛盾，正是因为翻译标准出现了矛盾，所以才会有相应矛盾的策略来解决这个问题。那么，明明是用来解决矛盾的策略怎么也产生了矛盾呢？它们之间的矛盾又该如何解决呢？

归化　　　　　　　　　　　　　　　异化

归化是一种"求同"的态度，归入目标语是它的目标；而异化是一种"存异"的态度，保留源语特点是它的信念。归化和异化的矛盾就是在文化影响翻译这个大背景下，学者研究翻译标准的时候，应运而生的矛盾翻译策略。它们的讨论是立足于文化大语境下的价值取向的。当然，这种矛盾依旧不是绝对的，与其说是矛盾，不如说是取向不同，应用的时候也不是非你即我的关系。

"入乡随俗"的归化

归化我们可以理解为译者在翻译时所应用的主要策略是译文表达符合目标语表达习惯。译文的归宿是目标语读者，当译文输出为正宗的目标语言时，读者可以更直接地对话原作者，很多译者总结归纳归化的特点是"说人话"，这样的译文具有很强的可读性。

上文提到的可译性的原因，也是归化策略可以应用的基础，可译性越强，归化翻译策略应用得就会越顺畅。归化策略首先是理解原文想表达的内容主题是什么，然后尽量从目的语找寻可以阐释同样内涵的表达法，或者用通顺的语言只译出内涵而忽略形式，这样对于读者来说，能够更方便、更容易地理解原文。

翻译链接

说人话的归化翻译

语言的修辞常常与文化所赋予具体意象的含义有关，所以不同的语言表达相同或相似含义时，这种修辞的差异也许会很大。这时保留原文的修辞会略显笨拙和不知变通，甚至会让读者感到不知所云，所以应该应用归化策略化解这个问题。比如：

Come on, it has been a hard year. Frankly, I could really use a party to **blow off some steam.**

拜托，今年发生了这么多事，说实话，我真的可以好好用一场派对**减减压**。

blow off steam 字面意思是"放气"，这里其实是一种比喻的手法。翻译的时候，原文的意象甚至修辞都没必要保留，直接译出含义即可。

You just come here and **drop this bomb** on me before you even think it through.

你自己都没想清楚呢，就跑到我这儿来给我甩下这么一个**重磅消息**。

drop the bomb 的意思是"扔炸弹"。这里指说话人听到的消息太过出乎意料，令其惊恐。翻译时不需译出意象。

I don't want you to **take this the wrong way**, but you gotta **calm the train down**.

你别**误会**我要说的话，但你必须**淡定**！

way 是"道路、方法"，train 是"火车"，这里说话人用火车行进为喻，劝他稳定情绪，别想错了。翻译时只需把说话人的目的说清楚即可。

We have a literal **ticking clock** situation here.

我们现在时间真的很紧张。

"A clock is ticking." 是说表针在滴滴答答走，所以 ticking clock 比喻某件事即将要发生，进入倒计时状态，常用来比喻时间快到了，翻译时强调紧张性更重要。

"维护本我"的异化

理解了归化后，异化的含义也呼之欲出了。异化我们可以理解为译者在翻译时所应用的主要策略是译文忠实于原文。这里的忠实是指，译文会尽量保留原文的语言特点，比如其句型、修辞，甚至长短等。译文要保留两种语言文化之间的差异性，更好地让读者学习和体会原文的异国情调和艺术特色，这种策略也被戏谑为"有洋味"。

使用异化策略首先仍是要透彻理解原文的主旨，但通常情况下，很难在目标语中找到比较贴切的对应表达法，但有时候直接忽略形式只译出含义会使原文表达之美缺失，这时候就可以使用异化法，虽然给读者稍微增加了一点阅读障碍，但在上下文语境的帮助下，读者既可以理解异化的译文，也可以很好地感受文字之美，而不仅仅是获取信息。

翻译链接

有洋味的异化翻译

在实际应用中，我们会发现一段文字除了信息外，其附带的风格特点等也很重要，优秀的译文应该尽量做到能同样传达出这种隐含的意境效果，这时应用异化策略就可以最大限度地实现这个目的。比如：

This is a professional matter, don't take it a personal one. Yes, I'm referring to the fact that you like making everything **pro-fer-sonal**.

这是公事，不是私事。是的，我就是在说你总把事情搞成"**公私事**"。

　　首先要明确，pro-fer-sonal 不是一个单词，这是在具体语境下说话人临时编纂的词，但其实这种"造词法"在英语口语中十分常见。根据上文可以判断，pro-fer-sonal 是 professional 和 personal 的结合，这里说话人想说听话人常常公私不分。其实这里用归化法直接译成"公私不分"也是可以的，但那样原文这种造词的俏皮趣味就没有了，用异化法可以保留这种趣味性。

　　Remember me when I'm gone away; Gone far away into **the silent land.**

　　望你记着我　在我离去之后　远远地离去　进入**寂静之国**

　　这两句节选自一首诗，异化法在诗歌里的应用更是普遍。首先，诗歌的文学美的意义很重要，甚至比肩其要传达的内容，所以翻译诗歌时保留文风是很重要的。这里 the silent island 就是一种比喻的修辞，其实作者只是想说"我静悄悄地离去"，但若直接译为"安静地离开"，诗的韵味着实减少了，虽然根本没有什么寂静之国，但保留比喻，既不会影响表达，还尽可能地保留了原文的风格。

《译者的隐身》

归化和异化这对术语出自《译者的隐身：一部翻译史》（*The Translator's Invisibility：A History of Translation*），作者为美国翻译理论学家劳伦斯·韦努蒂（Lawrence Venuti）。书的副标题是"一部翻译史"，但作者并没有罗列构成翻译史的事件，而是从归化和异化的角度出发，来审视从 17 世纪以来主导翻译界的翻译策略——通顺策略，他将其总结为归化（domestication），即"回归本土"。他认为虽然通顺有很大的好处，但这并不代表它是万能的，它并不能完全推进文化传播，有时甚至阻碍了文化交流，所以他提出了相对应的异化（foreignization）概念，并且证明，适当采用异化策略可以更有效地实现传达文化差异、促进文化交流的目的。这也是作者最重要的目的，即挑战归化策略的主导地位，倡导异化策略的应用革新。

综上所述，在实际翻译中，归化策略和异化策略二者缺一不可，由于二者实现的功能效果不同，因此结合使用可以更好地实现文化传递。

"形"与"神"之战

求知不倦

翻译方法上的最大矛盾当属直译与意译了。直译与意译与异化和归化有相通之处，即重点是放在忠实于原文还是译文表达上。但与异化和归化不同的是，直译与意译主要是在语言层面讨论，不用过多地考虑文化背景，更看重语言的应用问题。那么，直译和意译到底有什么矛盾呢？应该怎么解决这个矛盾呢？

形　神

直译追求的是译文与原文要"形似"，而意译则会相对抛弃原文的形而只追求"神聚"。形与神到底哪个更重要，古今中外，众多翻译家都对此提出过自己的看法，讨论喋喋不休，但这注定是一场不会有胜负的战争，因为直译与意译各有千秋且缺一不可，唯有二者相辅相成方能输出优质的译文。

形似的直译

直译，顾名思义，即翻译时要尽量保留原文的形式，包括但不限于字词、句式、修辞等，使译文达到一个与原文"里外统一"的效果。我们在谈翻译史的时候讲过，我国历史上最早的佛经翻译方法就是直译，哪怕后来玄奘大大改善了翻译理念，他也无法完全舍弃直译，直译也是重要的操作手段。包括现代鲁迅先生，其支持的也是若无法实现两全的时候，则"宁信而不顺"。西方也有很多翻译家支持直译理念，在此不一一赘述了。

谈到直译，人们脑子里出现的相关特点很可能包括"逐字逐句"，这种逐字逐句可能大到篇章，小到实虚词，都尽量做到忠实。其实，若输出的译文既不会引起歧义，也不会晦涩难懂，译文读来也是相对顺畅和可以理解的，我们完全可以大胆使用直译，毕竟直译可以最大限度地体现原文文风、传达原文文意。相对来说，说明性、陈述性的文字，用直译可以更好地传递思想。

翻译链接

在你身边的直译翻译

在实际应用中，直译方法比比皆是，即使是如中英双语差别如此大的语言，也可以很好地应用直译方法。以下都是可以用直译操作的句子，因为直译就是一一对应直接翻译，所以不再做具体分析。

I really wish he would show up. I need to go to the bathroom.

我真希望他赶紧出现，我需要上厕所。

Deal's going down. Let's go.

交易开始了。走吧。

For much of history, the vast majority of language was spoken. But as people became more interconnected and writing gained importance, written language was standardized to allow broader communication.

历史上，多数语言都是口头的。但是当人们联系越来越多以及写作的重要性增加时，书面语被标准化，使人们能更广泛地交流。

Of course, each director will give you different advice and standards. As I worked with Bille August, he's a great director, he has won two Golden Palm and one Oscar, so it's a big honor to be work with him.

当然，每个导演会给你不同的建议和指示。我刚与比利·奥古斯特完成合作，他是个杰出的导演，曾荣获两座金棕榈奖和一座奥斯卡奖，与他合作是莫大的荣幸。

神聚的意译

意译与直译相对，在准确传达原文含义的时候，并不强调保留原文的形式，处理起来很灵活，不受词汇、句法等的限制，有时甚至更像是一种对原文做的释义性说明，但根据原文的不同情况，灵活性的跨度很大，小到只是调整了语序或换了个意象，大到两者没有一个对应词。意译的主要功能就是帮助读者更好地理解原文，使译文更自然通顺，同时也更准确，比如一些比较有民族特点的表达法，如若直译很容易引起歧义，此时用意译做阐释才是更好的选择。

虽说直译与意译是相辅相成、互为补充的关系，但从翻译史的发展演变来看，意译的出现确实是为了解决直译实现不了的情况，从这个意义上讲，意译与直译相比多一层进步的含义。中国现代翻译史上的"四论"就是意译理论的典型代表，虽然四者不能完全画等号，但他们都强调了"神似""化境"等，这都与意译的核心思想是一致的。文学性越高的文章，对意译的需求就越强。

翻译链接

生活中的意译翻译

语言差异如表达法、惯用语等，可能由于使用的意象或者修辞的手法不同，翻译的时候不可直译，否则有可能会出现多余、拗口，甚至令读者不知所云的情况，这时就应采用意译法。比如：

No one but you has ever used it.

只有你一个人用过。

原文虽然是否定句式，但很明显没有必要完整译出来，因为这句强调的是 you 的唯一性，所以只要把这点表达出来即可。

I know **there is a lot to ask**... but... could you babysit my son on the weekends?

我有个**不情之请**，周末你可以帮我看下孩子吗？

这里 a lot to ask 绝不能直译为"有很多东西要问"，通常这句会用在人们想请求别人帮忙稍有些麻烦的事，比如例句里的周末应该休息却想让对方帮忙看小孩。所以，这里的重点就是要把那种不好意思、需要麻烦别人的态度译出来。

Perhaps I should **see for myself**.

或许我应该**亲自判断一下**。

这句上文是 A 问 B 打牌技术如何，B 支支吾吾没有明确回答，然后 A 说了这句话，他想说那我们玩一把我就知道你的情况了。这里 see 虽然是看，但它想强调的是"判断牌技"这个目的，所以把"判断"译出来会更准确。

He **has no problem** walking away last night.

他昨晚**毫不犹豫**就走开了。

首先时间状语语序要调整，这是中英互译最基本的意译调整的情况之一。然后 have no problem doing sth.，想要强调的是做某事干脆利落，不拖泥带水，所以这里"问题"就不能译出来。

温故知新

　　翻译绝不是纯粹的直线运动，它是一个左右权衡的选择。无论是在翻译标准、翻译可译性、翻译策略及翻译方法上，都存在着"左右为难"的矛盾。它们既是不可共存的两端，也是互为扶持的战友。在实际翻译实操中，译者们往往需要同时着眼于矛盾的两端，从而取舍出更适合的译文。

　　1.翻译既要实现忠实于原文，也要做到表达通顺，但因为语言文化的差异，有时两者不可兼得，此时要根据具体需求进行调整，为了实现其中一个目标，有时需要牺牲另一个。

　　2.因为人类相通的生活经验和思维方式，即使语言和文化存在差异，但语言间的相互转译是完全可以实现的，即可译性。但有些差异极具特殊性，这种特殊性是其他语言很难做到甚至无法做到的特征，此时就会发生不可译的问题。

　　3.面对不同的需求和不同的标准，相对应不同的策略也由此产生。若想让读者更顺畅地理解和阅读译文，那么要从目标语文化背景出发，做归化翻译。同时，若想更好、更准确地保留和传达原文的风格和特点，那么要从源语文化背景出发，做异化翻译。

　　4.具体实操的时候，译者们会采用直译和意译。直译字字对应，是传达文意、体现文风的好方法，可以让读者有虽读译文但似读原文的感觉。意译灵活神似，修正了由于语言差异而产生的歧义，使译文更顺、更美，翻译也因此不仅仅是转化，更是艺术创作。

第四章

梳理微妙关系，认识真正翻译主体

在人类历史发展的长河中，世界各国的交往与交流，不同民族、不同国家文化之间的相互影响，全都离不开翻译者。尤其是在文学上，正是因为翻译者和翻译活动的存在，不同语言的文学作品才能够在全世界范围内传播。译者作为连接原文作者和读者之间的纽带，不但帮助原文作者传达了自己的思想，也帮助读者更好地理解作品所讲述的内容及其所表达的情感与思想。但是，原文作者、译者和读者之间到底是什么关系呢？这三者到底谁才是翻译的主体呢？而翻译的主体又是指什么呢？接下来，就让我们好好梳理一下作者、译者与读者之间的微妙关系，认识一下谁才是真正的翻译主体吧！

为你揭开译者传统身份 ————◄◄◄

人类的历史就是一部翻译史，不同语言之间的交流，不同文化之间的火花碰撞，不同文学作品之间的相互影响，全都依靠翻译。那么，从遥远的古代到文明的今日，译者是以怎样一种身份存在的呢？下面我们就来一起探究一下吧！

译者身份的传统定位

翻译是人类社会中的一项历史悠久而又意义深远的跨文化交流活动，在这种双语甚至多语的交流过程中，译者起到了积极而又巨大的作用，翻译的过程涉及了原文作者、译者以及读者，而译者是连接作者以及读者之间的桥梁。但是，学者们对于译者在翻译过程中的地位和作用一直持有不同的见解。

有的学者认为，译者是一种从属的身份，在翻译过程中译者仅仅只是"舌人"，几乎谈不上是一个有主体性的个体，他们的任务就是忠实地传达原文的意思和原作者所表达的思想，然后服务好读者。

还有学者认为，译者是必须要有主观意识的，只有通过译者的主体能动作用才能在翻译过程中帮助双方完成跨文化交流，译者在翻译过程中起着举足轻重的作用，而翻译过程就是译者主体性的体现。

中国翻译史上的译者

中国的翻译历史源远流长，中国的翻译理论最早起源于西周时期（公元前 1046 年—公元前 771 年），但是对于译者的记载却是凤毛麟角。《礼记》中记载，中国地大物博，生活在不同地区的人们的习俗、需求以及喜好都各不相同，所以就有了专门学习和理解不同地区人们的习俗和喜好的官员，来帮助人们交流自己的需求和喜好，这些官员可能就是最早的翻译者。

在不同地区对这些官员职位的称呼也不同——"中国戎夷，五方之民。东方曰夷。南方曰蛮。西方曰戎。北方曰狄。五方之民，言语不通，嗜欲不同；达其志，通其欲。东方曰寄，南方曰象，西方曰狄鞮，北方曰译。"（《礼记》）而到了汉代，才最终确定以"译"这个字来代表"翻译"。

除了礼记，《周礼》对于译者也有记载，周礼中记载的"象胥"，就是四方译官的总称。

在之后的中国历史上，佛经翻译把中国古代翻译史推向了高潮，先后出现了安世高、支娄迦谶、支谦、道安、鸠摩罗什、玄奘等佛经翻译家。这些译者对于佛经的翻译都提出了自己的见解与理论，但是对于译者身份的言论却少之又少。

翻译链接

玄奘的佛经翻译理论

玄奘在翻译理论方面的贡献主要是其"五不翻"理论：

第一，"秘密故不翻，陀罗尼是。"意思是佛经里有神秘色彩的词语不翻译，比如"陀罗尼"等咒语，翻译了便失去了其原本的意义。

第二，"多含故不翻，如'薄伽梵'含六义故。"指的是含义多的词不翻译，比如"薄伽梵"一词就有六种含义，所以在翻译的时候不要意译，要保留原文，只做音译。

第三，"此无故不翻，如阎浮树。"说的就是在目标语言的文化里没有事物概念的词语不翻译，比如佛教中的"阎浮树"说的就是印度特有的一种树，所以音译即可。

第四，"顺古故不翻，如'阿耨菩提'，实可翻之。但摩腾已来存梵音故。"说的是约定俗成的词语不翻，而是应该遵循语言应用的习惯来音译。

第五，"生善故不翻，如'般若'尊重，智慧轻浅。令人生敬，是故不翻。"这个原则指的是有些词语用音译更能让人产生尊重，比如梵文里面的"般若"就是智慧的意思，但是意译翻译成"智慧"，那么就显得轻浅了。

这里的"不翻"不是说不翻译，而是不能意译，只能音译。

到了近代，大翻译家严复的"信达雅"翻译标准对中国的翻译界有着深远的影响。许钧把严复看作中国近代翻译学之父，他指出："严复的信达雅三难说……表现了译者主体意识的觉醒和对译事的自觉追求……并提出明确的标准来规范自己的实践。"在中国的翻译史上，严复是第一个在真正意义上体现出译者主体性地位的大翻译家。

译界探秘

严复及其翻译标准

严复（1854—1921年），字几道，是中国近代著名的学者和翻译家。在中国翻译史上，严复有着举足轻重的地位，他提出的"信达雅"翻译标准对后世的翻译工作有着深远的影响。

"信达雅"的翻译理论又叫作"三难原则"，严复在《天演论》中首次提出这一翻译标准，他指出："译事三难：信、达、雅。求其信已大难矣，顾信矣不达，虽译犹不译也，则达尚焉。""信"（faithfulness）是指忠实准确地传达原文的内容。"达"（expressiveness）指译文通顺流畅。"雅"（elegance）可理解为译文有文采，文字典雅。

作为中国翻译史上的翻译大家，严复的主要作品有《天演论》《群学肄言》《原富》《穆勒名学》《名学浅说》等。

探秘之旅

谁才是翻译的主体？

关于"翻译主体"这一话题，国内外翻译界的学者们一直持有不同的观点，有的人认为译者处于"从属"地位，只需要忠实地传达作者的思想，做好连接作者和读者文化交流的桥梁；还有人认为译者才是翻译过程中的主体，占主导地位，译者只有有自己的主观思想和观点，才能更好地传达作者想表达的观点，更好地帮助读者理解原文的内容。那么，作者、译者、读者到底谁才是翻译的主体呢？

翻译过程本就是一个包罗万象的文化交流过程，在这个交流的过程中，一定有一个或者多个主体，而对于这个或者这些主体的界定，不同的学者也有不同的看法。下面我们就来探讨一下翻译的主体到底是谁。

翻译主体性的界定最初起源于哲学，在哲学的范畴里，人才是世界的主体，主体与个体相对而存在。人是有意识、有感情的个体，可以支配和掌控主体，而主体性就是人在参加各种各样的活动时所表现出来的掌控能力、主观意识，以及主导地位。如果依照哲学范畴对于主体的界定，那么翻译的主体应该是人，可能是原文作者，可能是译者，也可能是读者。但是，在翻译界，不同学者和翻译家对于翻译主体的界定也各不相同。

我国著名的翻译家、中国翻译界最高奖终身成就奖得主杨武能先生认为："翻译和其他文学活动一样，其主体也同样是人，即作者、译者和读者。原著和译本都不只过是他们之间进行思想和感情交流的工具和载体，都是他们的创作客体。"基于这一观点，我们可以看出，杨武能先生认为文学翻译的主体是人，而且不是一个人，在这一过程中，原作者、译者以及读者都是翻译的主体。无论是原著还是译文，都是这三者进行文化、思想和情感交流的工具和载体，是连接这三者之间的纽带和桥梁。

译界探秘

翻译家杨武能

杨武能，生于 1938 年，重庆人，德语翻译家，现为四川大学教授、重庆国际交流研究中心主任。杨武能先生的主要研究领域是德语翻译，主攻歌德研究。他的主要翻译作品包括《浮士德》《少年维特的烦恼》《格林童话全集》《海涅诗选》《茵梦湖》《纳尔齐斯与哥尔德蒙》等 30 多部。除此之外，杨武能教授还出版了《歌德与中国》《三叶集》论著。

在 2018 年 11 月 19 日，杨武能教授荣获中国翻译界最高奖——翻译文化终身成就奖。

中国比较文学译介学创始人、中国翻译学最重要的奠基人之一谢天振先生也认为文学翻译的主体不只有译者，他指出："除译者之外，读者和接受环境等同样是创造性叛逆的主体。"在谢天振先生的观点中，译者、读者以及翻译的接受环境都是翻译的主体。

广东外语外贸大学高级翻译学院副院长李明认为：翻译过程中所涉及的原作者、原文读者、译者、译文以及译文读者都是翻译主体。他提出："翻译是两种语言文化之间的对话、交流与协商的过程。在这种对话、交流与协商的过程中，原文、原文作者、译者、（原）译文、读者，有时还有翻译发起人、出版商或赞助人等，都会参与到翻译活动中来……原文作者、（原）译者、复译者、读者、原文、（原）译文、复译文本都是文学作品复译中的主体。"

虽然关于翻译主体性这一问题，一直以来在翻译界都没有一个定性的答案。但是，现在比较普遍的一个观点是：译者是翻译的主体。因为在翻译的过程中，译者往往处于主导地位，译者的主体性也贯穿于整个翻译行为的始终，其主体性主要体现在：对于原文的主观理解、对于译文语言的塑造以及润色、对于翻译技巧的使用等。翻译行为就是译者通过自己的主观意识和掌控能力所进行的一项活动，译者在这一过程中占据主导地位，所以翻译的主体是译者。

翻译链接

译者主体性面临的困境

随着社会和科技的发展，在当今时代，翻译领域以及翻译活动已经进入了一个全新的发展时期，翻译活动中的翻译主体、翻译技巧、翻译工具等和从前相比都发生了根本性的变化。一般的翻译性工作已经向趋于流水线类型的团体职业化翻译转变，而文学作品、经典书籍等的翻译工作量也大幅度下降。

除此之外，科技在翻译领域也发挥着重要的作用，翻译软件、翻译机器等层出不穷，这使得译者在翻译活动中的作用远不如从前那般重大，而译者也慢慢变成了一种专门的职业。在职业性、专业性的翻译背景下，译者在翻译活动中所扮演的主体性角色越来越受到限制，失去了以往对于文本选择的主动权。

译者主体性的彰显之路 ----◀◀◀

求知不倦

　　作为翻译的主体，在整个翻译过程中，译者的主体性是如何体现出来的呢？在不同领域的翻译活动中，译者主体性的体现是否一样呢？下面我们就来探究一下译者主体性的彰显之路。

　　在翻译的过程中，译者的主体性体现在翻译活动中的方方面面，贯穿整个翻译活动的始终，影响着译者对翻译文本的选择和理解、对翻译技巧和方法的选择、对译文语言的修饰以及创造力。整个翻译过程，可以分为翻译前、翻译中和翻译后三个阶段。下面就来探究一下在这三个阶段中，译者的主体性都是如何体现的。

翻译前——译者对于翻译文本的选择

　　在人类历史的发展过程中，翻译是一项有目的、有影响的跨语言、跨文化的交流活动，从翻译前的准备阶段开始，译者的主观性就随时影响着翻译活动的进行。这种影响，首先就体现在译者对于翻译文本的选择上。

在选择翻译文本时，译者的兴趣爱好、成长经历、接受的教育、学习到的文化以及对原著作者的了解程度全部都影响着译者对于翻译文本的选择和理解。译者常常会出于对自身特点的考虑，结合自己的兴趣以及偏好来选择翻译的文本。

译 界 探 秘

葛浩文的翻译文本选择

葛浩文（Howard Goldblatt）是美国的一位著名的汉学家，他是2012年诺贝尔文学奖获得者莫言的作品的英文译者。葛浩文读的第一本莫言的小说是《天堂蒜薹之歌》，读完之后他深感惊讶，非常喜欢，深受感动。于是，他就写信给莫言想要翻译这本小说。

后来，他又读到了《红高粱》，读了几页之后，随即就跟莫言说，《天堂蒜薹之歌》是很了不起，但是作为他的第一本与英语读者见面的作品，《红高粱》会是更好的选择。所以，葛浩文就先翻译了《红高粱》，然后又翻译了《天堂蒜薹之歌》《酒国》《丰乳肥臀》《生死疲劳》，还有一本中短篇小说集。

在这里，葛浩文对于莫言小说的选择就受到了其主观感觉以及个人偏好的影响。

翻译中——译者对于翻译文本的解读以及翻译策略的选择

在翻译的过程中，译者会先对原文进行解读，这个过程不仅仅是对文本的词汇以及句子结构进行简单分析，而是要充分地去了解作者生活的时代、写作背景、历史文化、政治影响等因素。原文作者生活的那个时代可能与译者所处的时代并不相同，除去文化、习俗等的不同，译者也要充分了解作者所生活的那个时代的语言特征、文化特征以及时代特征。在这个过程中，对于原作者想要表达的思想以及想要传达的内容，译者必定会有自己的理解。

其次，在译文的呈现过程中，译者选择怎样的翻译策略以及翻译技巧也会受到其主观意识的影响。

翻译链接

傅雷对于译者主体性体现的理解

傅雷（1908—1966 年），我国著名的翻译家、作家以及教育家。傅雷在中国翻译史上的地位举足轻重，除了提出自己的翻译理论，他还翻译了大量的法文作品，包括巴尔扎克、罗曼·罗兰、伏尔泰等名家的著作。其主要作品包括《高老头》《欧也妮·葛朗台》《约翰·克里斯多夫》等。

在翻译风格方面，傅雷以"神似说"著称，其译文风格独树一帜，被誉为"傅雷体"。他的"神似说"体现了他作为一名翻译家在翻译过程中的主观能动性。傅雷认为，译文要"传神达意"。要"传神"首先要"达意"，"达意"就是传达原文意思，译者通过自己的解读和理解，用适当的语言和措辞把原文所表达的思想充分地转达出来。在这个过程中，译者的主体性就会得到充分的体现。

翻译后——译者对于译文的修改和调整

在翻译完整部作品之后，译者需要对译稿进行修改和调整，这个过程可能要持续很久，可能要修改好几遍。在每一次的修改和调整的过程中，译者可能都会对原文产生新的理解，可能会调整翻译技巧和策略，还可能修改整体译文的语句和措辞，这些都是译者主体性的体现。

从忠实到叛逆，如何把握主体地位之"度"？

◀◀◀

在翻译过程中，译者的主体性体现了译者的主观意识，同时也体现了译者的创造性。有人说"翻译就是二次创作的过程"，那么在这个创作过程中，译者应该如何保证对原文的忠诚，又应该如何把握译者主体地位的"度"呢？

忠实　　　　　　　　　　　　叛逆

在文学翻译中，翻译过程中的"忠诚"和"叛逆"一直是翻译界学者们热烈讨论的话题，也是一直困扰译者的重大难题。在翻译时，译文忠实于原文是十分必要的，但是没有绝对的忠实。译者在翻译过程中，要分辨清楚译文应该忠实于什么，怎样才能做到忠实于原文，忠实与叛逆之间又有什么样的关系。在翻译活动中，对于忠实和叛逆的把握，创造性叛逆被认为是文学翻译中最常用的策略。

创造性叛逆与忠实

"创造性叛逆"是法国社会文化家埃斯卡皮首次在其著作《文学社会学》中提出的，对于这一概念他解释道："说翻译是叛逆，那是因为它将原作品置于了一个完全没有预料到的参照体系里；说翻译是创造性的，那是因为它赋予作品一个崭新的面貌，使之能与更广泛的读者进行一次崭新的文学交流；还因为它不仅延长了作品的生命，而且又赋予了它第二次生命。"

在翻译过程中，我们所说的创造性叛逆，是指译者在语言以及措辞方面对译文所做的创造性改变。比如源语与目标语的文化以及语言用法差异比较大，直译无法翻译出源语的味道，这时译者就要勇于冲破源语的束缚，根据目标语的用法习惯以及文化特征，创造性地译出最贴近而又符合目标语表达习惯的译文。也就是说，译者要善于将"规范自然的原文"创造性地转化为"规范自然的译文"。

译界探秘

中国翻译史上翻译标准的发展

在中国翻译史上，如何同时做到忠实原文又创造性叛逆是一个老生常谈的话题。对于翻译标准，不同时代的不同学者对此也有不同的定义。早在汉代和唐代，我国古代的译者就对于译文的"文"和"质"争执不休。主张"文"的译者强调译文的修辞手法以及可读性，而主张"质"的译者则强调译文的忠实性，他们认为译文必须要忠实于原文，不增不减。

清朝的大翻译家严复提出了"信达雅"的翻译标准，这也是翻译实践中最难做到的三件事。

1951 年，翻译家傅雷提出了翻译的"传神论"，这是比严复的"信达雅"翻译标准更难做到的更高的翻译标准。

1964 年，钱钟书先生提出了"化境论"的翻译标准，他指出，文学翻译的最高标准是"化"，这又是对傅雷先生"传神论"的进一步发展。

译者应该把握主体地位的"度"

译者作为翻译过程中的主体，不仅要做到忠实于原文，还要有"创造性的叛逆"来转化译文，在这一过程中，译者要充分而且适当地把握忠实与叛逆之间的"度"，把握自己主体地位的"度"。

传统的翻译理论大多要求译者遵循"忠实性"的原则，要求译文忠实于原文，译者主要作为"中间媒介"而存在，这些翻译理论大多忽视了译者的主观能动性、创造性与主体性。近代翻译界越来越重视译者的主体性，认为译者在翻译过程中也要将自己的情感、创造性以及思想投入其中，译者在整个翻译活动中发挥主体性的作用，既是连接原作者与读者的桥梁，同时又是译文的创造者。只是在创造的过程中，译者要把握好自己的"度"，要忠实于原文，不要偏离原文所表达的思想，也要有自己的特色。

温故知新

　　每一个翻译活动都包含着一个或者多个主体，对于谁是翻译的主体这个问题不同学者也有着不同的见解，但是在翻译界，普遍认同的一种观点就是：译者是翻译的主体。那么，译者的主体性又是怎么体现的呢？在体现主体性的时候，译者又应该如何把握好主体地位的"度"呢？

　　1.译者的主体性体现在翻译前、翻译中以及翻译后这三个过程中。在翻译前，译者的主体性体现在对文本的选择上；在翻译中，译者的主体性体现在对翻译文本的解读以及对翻译技巧的选择上；在翻译后，译者的主体性体现在对译文整体的调整和修改上。

　　2.译者要适当地把握自己主体地位的"度"。在充分理解原文的基础上，既要做到忠实于原文，又要在忠实于原文的同时体现出自己的创造性，使翻译出的译文不失自己的特色。

探
　秘
　　之
　　　旅

第五章

挣脱语言束缚，看翻译如何在文化领域开疆扩土

前面我们一直在说，翻译的过程就是不同文化之间相互交流的过程。不同民族的文化对于语言的影响作用是不可忽视的，同时，翻译过程中文化的作用也是不可忽视的。翻译活动中不同语言之间相互转换，其实就是不同文化之间的沟通交流与融合碰撞。文化对于翻译活动有其自身的影响与作用，而翻译也是文化中不可或缺的一部分，也是不同文化的体现。作为不同文化之间交流的重要媒介，翻译与文化相互影响，相辅相成。那么，文化对翻译活动有什么影响和作用呢？下面，我们就来一起探究一下。

透过文化看翻译

▀◀◀◀

求知不倦

　　文化的本质是什么？文化与翻译之间有着什么样的关系？文化翻译的本质和特征是什么？下面就让我们带着这些问题来一探究竟吧！

由于文化与翻译之间具有密不可分的相互作用，因此我们有必要充分地了解文化的定义、特征以及本质，这对于我们进行翻译活动、理解文化翻译有着极大的帮助。

文化是什么呢？

◆ 中外学者对文化的理解

对于文化定义的界定以及理解，一直以来都是一个比较复杂的问题。在人类的发展历史上，不同的国家与民族都有着不同的文化，各国的学者们对于文化的概念也有着不同的理解。

在中国，"文化"一词经历了漫长的演变与发展，起初，"文"和"化"并不是一个完整的词，而是分开使用的。"文化"首次作为一个词使用出现在《说苑·指武》中："圣人之治天下也，先文德而后武力，凡武之兴，为不服也，文化不改，然后加诛。"这里的"文化"和"武力"是相对应的，都是指治理社会的方法和主张。

《辞海》中指出："广义的文化是指人类在社会历史的实践过程中所创造的物质文明和精神文明的总和；而狭义的文化是指社会上的各种意识形态以及与之相对应的机构和制度。"

中国现代哲学家、哲学史家张岱年对于文化则有着不同的理解。他认为，人类在生存过程中，在处理事情以及人际关系时所运用到的思维方式和行事行为就是文化。

著名学者任继愈先生对于文化的理解可以概括为以下内容。从广义的角度来说，文化主要指文学和文艺作品、文化风俗等；从狭义的角度来说，文化就是指能够代表一个国家或者民族特点的精神文明以及成果。

英国的人类学家爱德华·泰勒是第一位给文化下定义的学者，他在《原始文化》一书中提出了文化的定义："文化是一个复杂概念，它包含了知识、信念、艺术、道德、习俗以及人作为社会成员所拥有的其他能力以及习惯。"

美国社会学家伊恩·罗伯逊则认为，文化就是可以为人们所用的物质和精神产品。

根据美国学者默多克的观点，文化就是人们在学习和社会互动的过程中，学到的、传承的能力以及行为系统。

◆ **文化的特征**

文化具有进化性。随着历史的发展和社会的演变，在不同时代人们的生活环境也不同，所以为了更好地生存，人类在历史的发展过程中不断地继承和发展原有的文化，同时创造新的文化。

文化具有民族性。不同的国家和民族有不同的文化，每一个民族作为共同生存在一起的整体，各个成员和要素之间都相互影响，相互交流，相互融合，共同塑造和发展了具有本民族特征的文化。

文化具有后天习得性。文化是人类社会所特有的标志，这也是人类和动物之间的一个主要区别。文化作为一种可以继承的遗产，人们是可以通过学习得来的。

翻译链接

文化分类的多样化

文化不仅内涵丰富、特点鲜明，其分类也是多种多样。下面就通过图 5-1 来认识一下文化的分类。

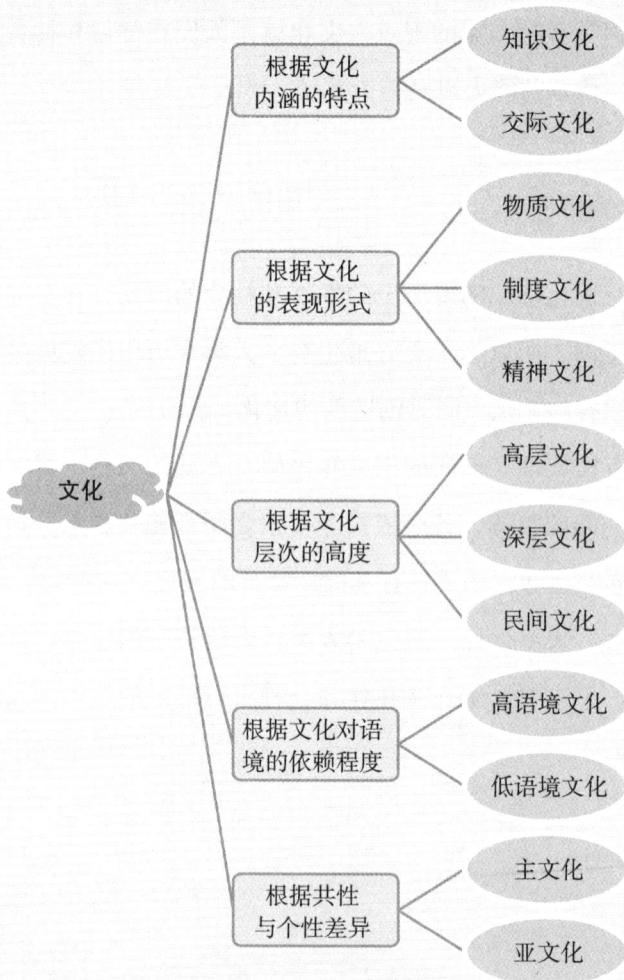

根据文化内涵的特点 —— 知识文化 / 交际文化

根据文化的表现形式 —— 物质文化 / 制度文化 / 精神文化

文化 —— 根据文化层次的高度 —— 高层文化 / 深层文化 / 民间文化

根据文化对语境的依赖程度 —— 高语境文化 / 低语境文化

根据共性与个性差异 —— 主文化 / 亚文化

图 5-1 文化的分类

文化翻译的本质和特征

　　文化是人类社会发展进程中的精神成果，而翻译是不同的国家与民族之间文化交流中不可或缺的一环。文化总是和翻译活动紧密地联系在一起，因此文化翻译也成了社会学和人类学作品中的重要组成部分。文化翻译在人类外交活动中也起着重要的作用，但是文化翻译并不是一成不变的，而且其发展也不是一帆风顺的。充分地理解文化翻译的本质和特征，对译者的文化翻译之路是十分重要的。在翻译界，对于文化翻译的定义，不同学者也有着不同的见解。

　　在西方，尤金·奈达和纽马克等人提出的"在翻译过程中应该注重目标语言的语境以及翻译中的文化因素特点"可以被视为文化翻译的起源。尤金·奈达提出翻译应该"形式对等""动态对等"，纽马克则提出了"语义翻译"以及"交际翻译"的翻译理论，而文化翻译就是尤金·奈达和纽马克提出的这些翻译理论的表现形式。

　　斯特奇对于文化翻译这一概念有着明确的阐述："文化翻译"通常表示的不是单纯意义上的一种翻译策略，而是一种翻译视角。

　　我国的蔡平对于文化翻译也有自己独到的见解：从广义层面上来说，文化翻译是指有关于文化内容或者文化因素的翻译；从狭义层面上来说，文化翻译是指具体翻译内容的一个特定方面，也是指翻译过程中具有文化特色的词汇以及表达方式的翻译。

译界探秘

纽马克的翻译理论

彼得·纽马克，生于1916年，是英国著名的翻译家和翻译理论家。纽马克的一生都致力于翻译理论的研究，他分析和总结了翻译界各学派的翻译思想以及翻译理论，并在此基础上，将文体论、话语分析、符号学、格语法的理论、功能语法和跨文化交际理论等充分地应用于自己的翻译理论与翻译研究。纽马克在《翻译问题探索》一书中提出的语义翻译和交际翻译是其翻译理论的核心内容，也是其翻译理论中最主要、最有特色的组成部分。

纽马克著有很多翻译领域的重要作品，包括《翻译问题探讨》《翻译论》《翻译短评》等。

文化差异对翻译有着怎样的影响呢？ - - - - - ◀◀◀

> **求知不倦**
>
> 不同民族之间的文化交流主要依靠翻译，但是这种文化差异难免会对译者的翻译活动产生影响。那么，这些影响都是什么呢？下面就让我们一起来看一下。

不同国家之间的文化影响着人类活动的方方面面，而翻译又在文化交流过程中起着举足轻重的作用。文化和翻译相互影响、相互作用。具体来说，文化的差异影响和制约着翻译活动的展开，而翻译活动又反过来影响着文化，并且在一定程度上丰富发展了文化。下面就从两个方面来探究一下文化差异对翻译活动的影响。

文化差异影响了翻译的过程

翻译活动不仅是不同语言之间的文本转换，而且还是一种文化的转换。翻译过程不仅受不同语言结构的影响，还受不同文化背景下的社会环境、地理环境、风俗习惯等方面的影响。翻译活动包含对原文的理解、表达、校对三个过程，而文化的差异则深深地影响了这三个过程。

比如，西方的饮食传统与中国有着极大的不同，那么在翻译和饮食有关的文章时，这种饮食的文化差异就会影响译者对于原文的理解以及翻译过程中对译文的表达，这就需要译者对西方的饮食传统有充分的了解。

文化差异影响了翻译的结果

不同文化对翻译活动的结果也有着深远的影响。文化与翻译的关系密切，而翻译过程中涉及了许多文化因素，这些因素既复杂又变化多端，同时影响着译文的结果。比如语言结构就对翻译的结果有着深刻的影响，在语音、语法以及词义表达方面，不同语系的语言表达都有着独特的特点，这些特点都影响着翻译的结果。

首先，就语音层面来讲，英语属于印欧语系，是拼音文字，注重表音，而汉语属于汉藏语系，是象形文字，注重表义，所以在英汉互译时，英语中的头韵、汉语中的双声叠韵等都会对翻译结果产生影响。

其次，就词汇层面来讲，英语单词的不同词性都有着不同的形式，词性不同，词形也要发生变化，句子中时态变化基本要依赖语法手段；而汉语句子中不同的时态、数量等全都要依靠不同的词汇来展现。这种不同，也会对英汉互译的结果产生影响。

借助翻译之桥，传播语言精华 ----◀◀◀

○── **求知不倦** ──○

　　翻译过程中译者对于翻译技巧的选择多种多样，在翻译技巧的选择上也同样体现出了译者的主体性。在不同的翻译过程中，需要用到不同的翻译技巧，那么翻译技巧都包含哪些呢？

　　英语和汉语分属于不同的语系，在用词、句法、表意方面都有着巨大的差异。在翻译过程中，应该如何选词，使用什么样的句式，篇章如何布局，这些都有着许多的技巧可供译者选择。下面我们就从词汇、句法以及篇章三个方面来探究一下翻译的技巧。

翻译过程中译者对词义的选择技巧

　　词义的选择是译者在翻译过程中首先要考虑的一个方面，什么样的语境应该用什么样的词汇，不同的词汇应该如何使用，这些都关乎翻译实践中词汇的选择技巧。

◆ 根据词性确定词义

在英语中，句子中不同的结构需要使用不同的词性，比如主语要用名词或者名词性结构，谓语要用动词或者谓语结构，定语要用形容词，状语要用副词等。译者在翻译时，首先需要确定词语的词性，再根据词性来确定词义。

◆ 根据专业领域确定词义

在翻译过程中有时需要根据专业领域来确定词义。在英语中，一些词汇不仅具有普通的含义，同时在一些专业的领域具有自己独特的意义，所以在翻译某个专业领域的文章时，首先要做的就是确定这些词汇的词义。

下面通过表 5-1 和表 5-2 来了解一下在专业领域中具有独特含义的词汇。

表 5-1　法律领域具有独特含义的词汇

英文单词	法律领域的词义
action	诉讼
damage	损害赔偿金
demise	转让，遗赠
instrument	法律文件
consideration	对价

表 5-2　医学领域具有独特含义的词汇

英文单词	医学领域的词义
arrest	抑制，遏制
choice	首选的，特效的
failure	衰竭
frequency	发生率，出现率
incidence	发病率
case	病例

◆ 根据词组搭配确定词义

英语和汉语的文化不同，语言使用习惯也不同，所以在英语和汉语里都有一些固定词语搭配，充分了解这些搭配，也可以帮助译者准确地确定词义，有效地进行翻译。

翻译链接

翻译过程中常用的词语搭配

你知道翻译过程中有哪些常用的词语搭配吗？下面就来一起学习下吧！

先进的科学技术　advanced science and technology

有争议性的问题　a controversial issue

复杂的社会现象　a complicated social phenomenon

考虑到诸多因素　take many factors into account/consideration

从另一个角度　from another perspective

对……有益　be beneficial/conducive to...

综合素质　comprehensive quality

宝贵的自然资源　valuable natural resources

翻译过程中译者对句法的翻译技巧

◆ 主语从句的翻译技巧

以 what，whatever，whoever 等代词引导的主语从句，在翻译时可以按照原句的顺序进行翻译。

以 it 作形式主语引导的主语从句，在翻译时可以将主语前置，也可以不前置。

◆ 定语从句的翻译技巧

前置译法：将整个定语从句完全置于被修饰的词之前，然后在定语从句的后面加上一个"的"。

后置译法：将定语从句完全置于被修饰的词之后，但要注意的是，在使用后置译法时，关系副词也需要翻译出来。

◆ 被动语态的翻译技巧

被动变主动译法：将英文中的被动语态翻译为中文里的主动语态。

用"使""把""由"代替"被"字：在翻译被动语态时，可以直接译成"使"字句、"把"字句和"由"字句。

有"被"不用"被"：在翻译被动语态时，有时可以把译文中的"被"字去掉。

翻译过程中涉及的篇章的翻译技巧

◆ 英语语篇的衔接

在翻译篇章时，要注意语篇的衔接问题，也就是要做到文章上下文的衔接。在衔接篇章时，译者需要注意衔接词的使用，确保上下文衔接流畅，读起来顺畅。

◆ 英语语篇的连贯

语篇的衔接侧重于衔接词或者语法手段，而语篇的连贯性则侧重于上下文的逻辑关系。在翻译篇章时，译者应该深入理解原文的上下文的逻辑关系，在译文中确切地体现出上下文的连贯性，将语篇的连贯意义完整地表达出来。

探
　秘
　　之
　　　旅

以翻译为纽带，弘扬民俗文化

前面我们说了文化的特征以及文化翻译的定义以及特点，那么在文化翻译中，译者又有哪些翻译策略可以使用呢？下面我们就来探寻一下这个问题。

文化翻译的策略

◆ 归化策略

归化翻译是以目标语言的文化为翻译归宿的一种翻译策略，即译者在翻译时，应该严格地遵循目标语言民族的文化特点以及语言表达特点，译文应该符合目标语读者的语言习惯，采用地道的表达方式。归化的优点在于使读者读起来有一种亲切感和归属感。

下面是一些归化翻译的例子，帮助你来更好地理解归化翻译策略。

spring up like mushroom　雨后春笋

every dog has his day　凡人皆有得意日

The taste is great.　味道好极了。（雀巢咖啡）

穷得像叫花子一样　as poor as church mouse

过着牛马不如的日子　to live a dog's life

宾至如归　Guests feel like home.（酒店的广告语）

◆ 异化策略

异化翻译是相对于归化翻译而言的，是以源语的文化为翻译归宿的一种翻译策略，即译者在翻译时应该吸收和应用源语国家的文化特点以及语言表达特点。译者在翻译时，使用的语言风格和表达习惯应该尽量向原作者靠拢，保留原作者的风格，以及原作者语言的"原汁原味"。异化的优点在于能够让读者体会和理解源语国家的语言风格以及文化特色。

下面是一些异化翻译的例子，帮助你来更好地理解异化翻译策略。

铁饭碗　iron rice bowl

纸老虎　paper tiger

谋事在人，成事在天。　Man proposes, heaven disposes.

宫保鸡丁　Kong Pao chicken

a castle in the air　空中楼阁

A rolling stone gathers no moss.　滚石不生苔。

Blood is thicker than water.　血浓于水。

armed to teeth　武装到牙齿

an eye for an eye, a tooth for a tooth　以眼还眼，以牙还牙

All roads lead to Rome.　条条道路通罗马。

文化翻译的原则

文化翻译不光讲究策略，也要遵循一定的原则。下面两项就是文化翻译需要遵循的基本原则。

第一，文化翻译需忠实传达源语的文化特色。译者在进行文化翻译的过程中，必须忠实于原文，把原文中所展现的源语文化的特点准确地展现给读者，应该保留源语文化的特征和完整性。

第二，文化翻译准确传达源语的文化信息。翻译的过程不仅仅是两种不同语言之间的转换，更是两种不同文化之间的转换与交流。而翻译活动就是把源语的文化信息传达给读者的一个过程，所以在文化翻译的过程中，译者要充分地理解源语文化的丰富内涵，进而准确地传达源语的文化信息。

温故知新

1. 不同民族的文化和翻译活动相互影响，相互作用。文化的差异影响着翻译过程和翻译结果，而翻译的过程和结果也会反过来促进文化的发展。

2. 在翻译过程中，有许许多多的翻译技巧，包括对于词义的选择，不同句式的翻译原则与技巧，以及在翻译篇章时，译者也要注意语篇之间的衔接与连贯性。

3. 文化翻译在人类外交活动中起着重要的作用，归化和异化是文化翻译的两种策略。在采用归化翻译时，译文应该符合目标语读者的语言习惯，采用地道的表达方式。而在采用异化翻译时，使用的语言风格和表达应该尽量向原作者靠拢，保留原作者的风格，充分保留原作者语言的"原汁原味"。

第六章

难忘惊鸿一瞥，
追逐翻译倩影之美

满载一船秋色 平铺十
里湖光 波神留我
看斜阳 放起鳞鳞
细浪 明日风回
更好 今宵露宿何
妨 水晶宫里奏霓裳
难拟岳阳楼上

世间处处存在美，只要善于观察，就会发现，美不仅仅存在于自然界的一草一木或者艺术品中，还存在于语言中，如那些修辞、习语等，也渗透着美，吸引着人们去观察和探究。那么，你知道翻译的美吗？你了解翻译美学吗？实际上，翻译属于一种语言艺术，自然也有其惊艳之美，即艺术创造的美。现在是不是迫不及待地想领略翻译之美？那就随我而来，一起去追逐翻译倩影之美吧！

你知道翻译审美有着怎样的心理机制吗？ ◀◀◀

求知不倦

翻译与审美的结合，产生了翻译美学。无论是审美活动，还是翻译活动本身，都有着复杂的心理机制，可想而知翻译审美更是如此。那么，你知道翻译审美有着怎样的心理机制吗？

何谓翻译审美心理机制？所谓翻译审美心理机制，就是指审美主体的审美意识系统在人的审美活动中的运作。审美心理机制包括感觉、直觉、联想、情感、理解等。下面就从解读与表达两个层面为你解析翻译审美心理机制。

翻译审美心理机制之翻译审美解读

什么是翻译审美解读？通过图 6-1，相信你将对其有一个直观的认识。

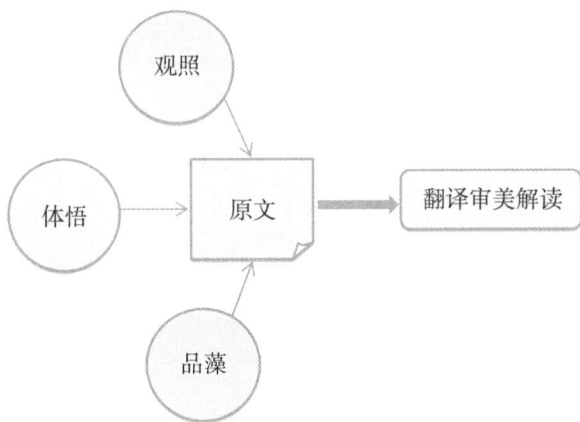

图 6-1　翻译审美解读的心理机制

通过上图可以知道，翻译审美解读的心理机制就是译者基于审美意图，对原文进行"观""悟""品"的审美过程。

◆　**细致观照**

何谓观照？译者通过眼睛、耳朵等对原文文本的审美属性做出认知和反应，就是翻译审美解读中的观照。

观照有静观和神思两种心理状态。下面通过图 6-2 来仔细体会一下。

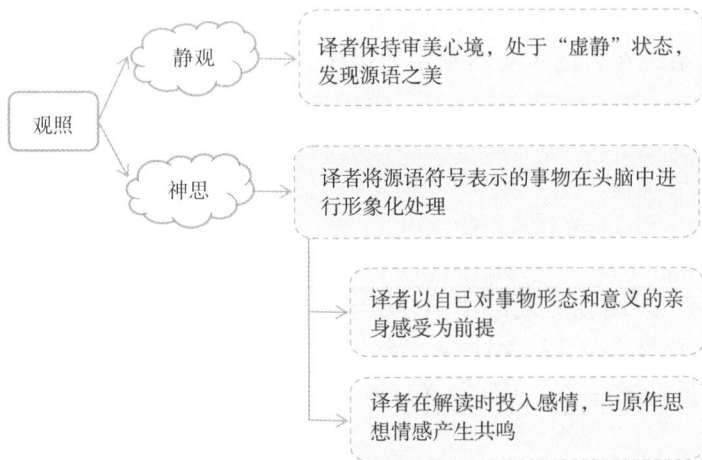

图 6-2　翻译审美解读中的观照

可以看出，在翻译解读的过程中，译者的心理活动是十分复杂的，不仅要静观原作之美，还要与原作思想产生共鸣，从而全面对原文进行观察和分析。

◆ **深切体悟**

在翻译审美解读中，体悟是指译者通过物以情观和切身体验来领悟美。可以看出，体悟包含"情观"和"设身"两个层面。

"情观"也就是以"情"观原作，译者在情感层面与原作者发生共鸣，通过自身的审美经验和经历，深入原作艺术环境中，与作者心神交融。

"设身"是指译者将自己设身于作者当时的时代背景，对原文进行审美解读。

在翻译的过程中，尤其是文学翻译过程中，入情是非常重要且必不可少的。正如茅盾所说："更须自己走入原作中，和书中人物一同哭，一同笑。"

◆ **细细品藻**

品藻就是译者在翻译审美解读过程中，透过原文文本的字、句、篇来领会原文文本的事、情、象。品藻涉及论世和附会两个方面。

先来说一说论世。"知人论世"对译者有着较高的要求，要求译者不仅清楚自己的能力，还要了解作者以及作品的基本信息，包括作者生平、所处的时代背景、写作风格、作品中的人物、事件、作品的风格、意图等。

附会也就是附辞会义，具体可以从两个层面来理解，一是文本外形上的附辞会义，二是文本内实上的附辞会义。而这两个层面的理解都要考虑文本的整体观和结构观。

总体来讲，在翻译审美解读过程中，要仔细观照、体悟和品藻原文，对原文的音、字、句、篇加以全面细致的解读。

翻译审美心理机制之翻译审美表达

解读了翻译审美，接下来就要表达了。翻译审美表达是指译者基于一定的审美意图，使用译语再现源语的审美属性和意图的过程。如果说翻译审美解读是"胸有纸中竹"，那么翻译审美表达就是"成竹跃纸上"。

翻译审美表达要考虑两个方面的问题：一是翻译审美构思，二是翻译审美表达策略。

而在构思过程中又要考虑这样三个问题：一是审美构思的选择性问题，在审美再现过程中，译者可以选择作者的意图，也可以选择自己的意图；二是译语文本谋篇布局的问题，因谋篇布局受意图的支配，所以审美意图不同，谋篇布局也不尽相同；三是风格文体，译者要考虑源语文本与译语文本的风格，确保源语文本和译语文本在外形和内实上保持风格的一致。

翻译过程离不开翻译策略的运用，尽管不同的译者在翻译中会采用不同的翻译策略，但都离不开翻译策略。翻译审美表达也讲究策略，所以译者要在审美构思的基础上采取恰当的策略再现源语文本审美。

翻译链接

翻译审美如何运行？

通过上述内容，相信你对翻译审美的心理机制有了一个大概了解。那么，你知道翻译审美如何运行吗？下面就带你认识一下翻译审美的运行模式，如图 6-3 所示。

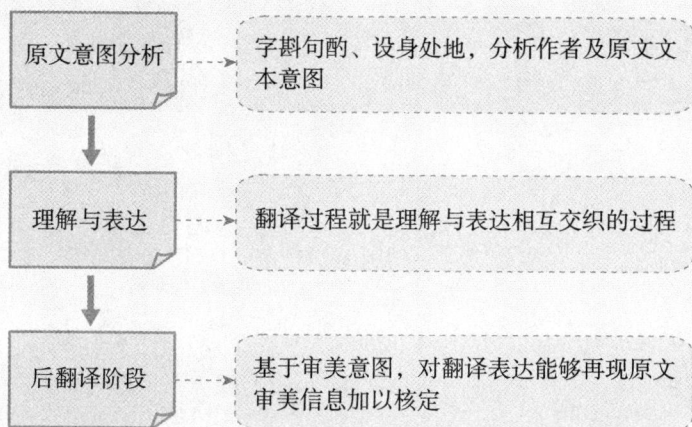

原文意图分析	····>	字斟句酌、设身处地，分析作者及原文文本意图
理解与表达	····>	翻译过程就是理解与表达相互交织的过程
后翻译阶段	····>	基于审美意图，对翻译表达能够再现原文审美信息加以核定

图 6-3 翻译审美的运行模式

翻译审美有着复杂的心理机制，有着严谨的运行模式，了解了这些，相信对你的翻译实践将大有帮助。

探秘之旅

必须要知道的翻译审美主体与审美客体 ◄◄◄

求知不倦

　　有主体就有客体，同样，有客体就有主体，主体与客体总是处于对立和统一的关系中。而在美学中，审美主体与审美客体又何尝不是时刻依存、相互统一。失去了审美客体，审美主体将无法产生审美感应，更不可能发之于外。那么，你知道翻译审美主体与客体吗？它们之间又有着怎样的关系呢？

　　在翻译审美中，也是存在翻译主体和翻译客体的。翻译主体也就是译者，翻译客体即源语文本，二者互为依存、辩证统一、不可分离。下面就带你分别认识翻译审美主体与翻译审美客体。

认识翻译审美主体

翻译审美主体的审美活动与其审美意识形态中的心理态势有着密切的关系，如情趣、意志、观念、志向等，而且审美主体承担着双重任务，一方面要认知和鉴赏美，另一方面要再现和创造美。

那么，翻译审美主体的本质到底是什么呢？下面就来系统认识一下吧！

◆ 受制于审美客体

翻译的审美过程，就是译者潜心投入审美客体，对审美客体加以解码和编码。可以看出，自始至终，译者都受制于审美客体。

既然审美主体受制于审美客体，那么具体受制于审美客体的哪些内容呢？下面一一为你解释。

受制于审美客体的形式美可译性限度。一直以来，形式美都是翻译关注的重点，而且也是翻译的难点，在翻译中受到很大的限制。就拿中国诗词来说，中国诗词非常讲究形式美，尤其是中国格律诗。面对诗词翻译，译者时常会身陷困境，明明知道其含义，却找不到合适的语言来表达，甚至连著名翻译家严复都感叹"一名之立，旬月踟蹰"。

受制于双语文化差异。翻译是一项十分辛苦的工作，而其中的"苦"就在于对文化的不理解。面对源语中绝妙无比的诗文，译者却陷入苦恼，苦苦沉思却无从下笔。例如，很多中国的对联，不仅形式精妙，寓意也是十分丰富，想将中国对联翻译成英文，可谓相当困难，即使翻译了，也难免在音、形、义上丧失美感。解决这一问题最明智的方法是审美代偿，也就是"审美地"用译语将源语再现出来，使读者充分领略源语的文化风情。

受制于时空差。当时代不同时，人们对同一部作品会产生不同的认识。例如，时人对《诗经》之美的感悟，与现代读者的感觉绝不相同。同样，地域的不同也会导致审美体验的差异，如欧洲人对古希腊艺术的理解要深于亚洲人。

◆ 具有主观能动性

翻译审美主体还有一个本质属性，那就是能动性。在翻译过程中，译者难免受制于审美客体，也就是原文，但是当译者充分发挥自己的主观能动性时，就能突破限制。那么，译者如何发挥自己的主观能动性呢？关键就在于译者的情、知、才和志（图6-4）。

图6-4　译者发挥主观能动性的关键

"情"，即情感，审美情感包含双重含义，既包括审美客体的情感蕴含，也包含审美主体的情感感应。

"知"，即认知，是指审美主体对审美客体价值的判断。"知"也包含多层含义，既代表知识，也指见识，还指译者的视野与经历。

"才"，即翻译中所需的行文能力和艺术功力，具体包含语言分析能力、审美判断能力、语言表达和修辞能力。

"志"，即学的毅力，是一种品德，也是审美主体不断提升艺术境界的精神力量。

翻译链接

审美主体的显著特征

了解了审美主体的本质，下面再带你认识一下审美主体的显著性特征，如图 6-5 所示。

图 6-5　审美主体的特征

基于审美主体的本质了解审美主体的特征，将会对审美主体有一个更加深入的认识和了解。

了解翻译审美客体

审美客体与审美主体相对，如果没有审美主体，审美客体也就不复存在，二者相互依存、对立统一。在翻译活动中，审美客体即指译者所要翻译加工的原文。

◆ 透视翻译审美客体的本质

那么，翻译审美客体的本质属性是什么呢？下面为你详细解析。

首先，翻译审美客体依附源语的审美构成。这一属性对译者造成了极大的困扰，即使译者翻译能力再强，也无法完全摆脱源语的审美构成而肆意发挥。比如，原文中根本没有夸张这一修辞，那么译者就不能添枝加叶，添加夸张修辞。

其次，翻译审美客体对应于源语的审美效果。这一属性也对译者提出了较高的要求，即译者不仅不能添枝加叶，还必须与源语审美相对应。例如，针对 be caught in meshes of the law 这样的比喻，在翻译时就应译成"法网恢恢"，而不能译成"陷入法网"。

最后，审美价值具有层级性。尽管翻译审美客体都涵盖美，但并非等量齐观，而是具有层级性。

◆ 梳理翻译审美客体的审美构成

你知道翻译审美客体的审美构成都有什么吗？下面就通过图 6-6 为你进行梳理。

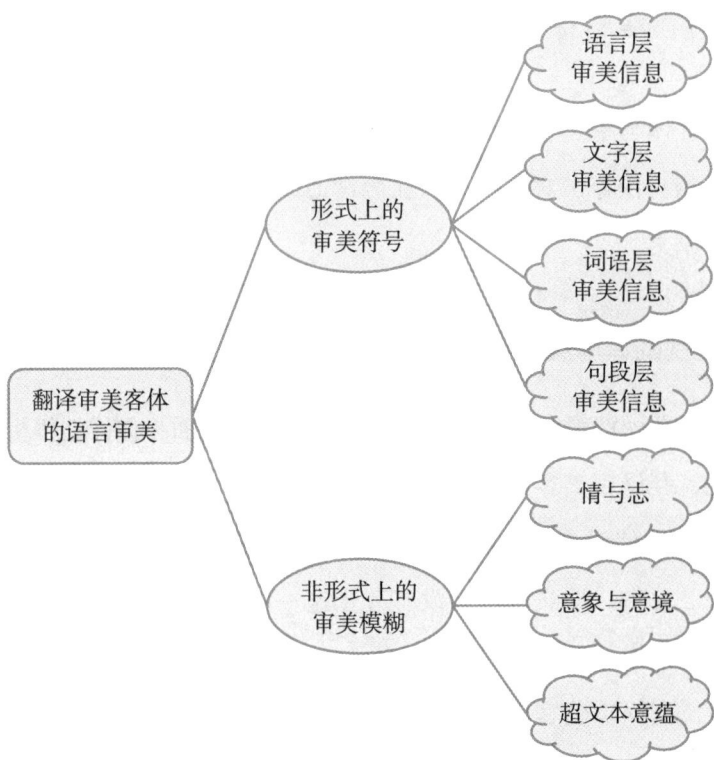

图 6-6　翻译审美客体的审美构成

可以看出，翻译审美客体的构成十分复杂，译者需要对此加以梳理、认识和掌握，从而更加自如地解读审美客体之美，再现审美客体之美。

求知不倦

　　要说中国的语言美，当属中国古诗词了，古诗词不仅在世界文坛中占据重要地位，而且兼具美的形态和意蕴，一音一字都散发着美感，不仅令无数读者沉醉，也令众多译者为之着迷。事物都是具有两面性的，古诗词的美也给译者的翻译带来了困难。面对绝美的古诗词，译者又当如何传递其风韵呢？

江城子·密州出猎　宋 苏轼

老夫聊发少年狂，左牵黄，右擎苍，锦帽貂裘，千骑卷平冈。为报倾城随太守，亲射虎，看孙郎。

酒酣胸胆尚开张，鬓微霜，又何妨！持节云中，何日遣冯唐？会挽雕弓如满月，西北望，射天狼。

一剪梅·红藕香残玉簟秋　宋 李清照

红藕香残玉簟秋，轻解罗裳，独上兰舟。云中谁寄锦书来？雁字回时，月满西楼。

花自飘零水自流，一种相思，两处闲愁。此情无计可消除，才下眉头，却上心头。

领悟古诗词之绝美

每一首诗都自成一种境界，都包含丰富意蕴，其内在与外在美更是无需多说。要想在准确翻译古诗词的基础上充分传递其风韵，首先要了解古诗词的特性，下面就为你详细进行说明（图 6-7）。

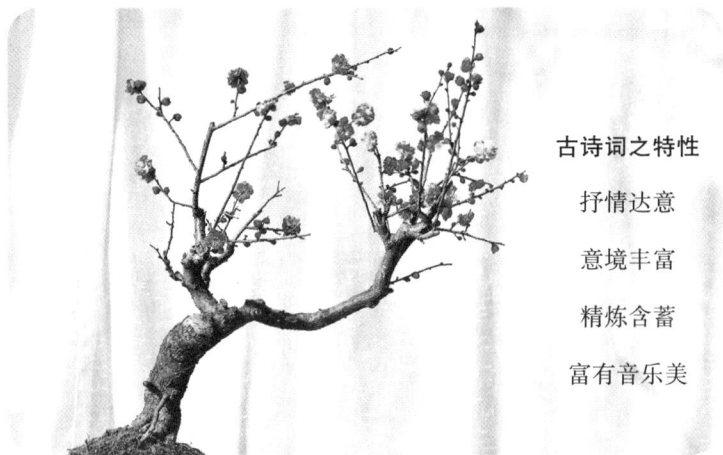

古诗词之特性

抒情达意

意境丰富

精炼含蓄

富有音乐美

图 6-7　古诗词的特性

◆ **抒情达意**

每一首中国古诗都蕴含着浓浓的情意，都渗透着诗人的情感。诗词是诗人的有感而发，诗人常常将情感汇聚于艺术形象之中。在理解诗词的过程中，首先要领悟诗词的情感，如果脱离了情感，将难以把握诗词的形象。

◆ **意境丰富**

古诗词的情感和思想抒发主要是靠创造意境来传达的，意境可谓古诗词的核心与灵魂。意境十分玄妙，其有着"只可意会不可言传"的特点。

◆ 精炼含蓄

古诗词简洁精炼，言简意赅，三言两语就能表达深远的意味。例如马致远的《天净沙·秋思》，寥寥数句，却传达出了悠远而无尽的情感。

古诗词的表达还十分含蓄，经常"顾左右而言他"。诗人总是回避直接，喜欢从侧面表达情感，使得诗句韵味十足。

◆ 富有音乐美

中国古诗词与歌曲有着不解之缘，其起源于歌曲，极富音乐美。古诗词的音乐之美在句式、平仄、押韵等方面均有体现。

传递古诗词之风韵

古诗词如此之美，又该如何对其加以翻译，让外国读者领略其风韵呢？这就需要借助一些翻译方法和策略。在具体的翻译过程中不妨试试以下几种策略。

◆ 巧妙增译

中国古诗词言简意赅，语言中多有省略，了解中国古诗词的中国读者能自然地补足省略的意思，但是不了解中国文化的外国读者则不然，所以在翻译时有必要采用增译策略，补足隐含的意义。

首先，要增译词法，也就是增添那些省略掉的字词，以使译文更加准确清晰。例如，对于"十年生死两茫茫"这一千古名句，有人将其中的

"十年"直接翻译为"ten years"，尽管做到了字面准确翻译，却不足以道出诗人苏轼对亡妻的无尽思念。许渊冲将这一诗句翻译为"For ten long years，the living of the dead knows nought"，添加 for 和 long 这两个词，不仅突出了时间的漫长，也让人感受到了诗人度日如年般的煎熬，准确传达了原文的信息与内涵。

其次，要增译隐含意义。寓情于景是中国古诗词的一大特点，这也使得古诗词有很多的隐含意义，而这也是外国读者理解的难点所在，对此有必要对一些隐含意义进行增译。例如，"至今思项羽，不肯过江东"，诗人李清照借助项羽这一人物形象来表达自己坚定的意志。对于那些不了解项羽的读者，是很难理解诗人的深层含义的。因此，在翻译的时候就需要采用增译法，增加隐含的意义。

◆ 合理删减

古代诗人常使用叠词、反复等修辞手法来表情达意，增加诗词效果。但是在翻译的过程中，这些叠词、反复的表达等会增加译文的赘感，也不利于读者理解，因此在必要的时候要进行合理删减，确保译文语言流畅、结构紧凑。例如，"寻寻觅觅，冷冷清清，凄凄惨惨戚戚"，使用了大量叠词，将诗人的情感以及诗句的意境充分地表达了出来。但是在翻译的时候则没有必要字字翻译，无论是冰心的翻译、林语堂的翻译还是许渊冲的翻译，都进行了合理删减，但诗词中渗透的孤独、悲伤、寂寥之感并没有缺失。

有一点需要注意，删减不可任意进行，要做到删词不删意。

◆ 句子重构

英汉语言有着显著的差异，句子表达有时各不相同，因此在翻译的时候就需要对句子加以重构，具体包括句子拆分和句子合并。

有时为了更好地表达原诗句含义，便于读者理解，可以对句子进行拆分。但如何拆分是需要讲究技巧的，通常先理解诗词背景信息，了解诗词的意象群，然后再进行拆分。在翻译"少小离家老大回"这一诗句时，就可以采用句子拆分法，将其拆译为"I left home when a mere stripling, and retuned in old age"，这样不仅突出诗人离家的时长，也强化了诗人的悲伤情感。

对仗句在中国古诗词中十分常见，但在翻译时就需要将这些句子合并起来，以便译文符合英文读者的阅读习惯。例如，在翻译"劝君莫惜金缕衣，劝君惜取少年时"这句诗时，就可以采用句子合并法，将其译为"Love not your golden dresses more than your youthful golden hours, I pray."这样的翻译一是准确传达了原文含义，二是更加突显了"惜取少年时"的重要性。

古诗词的翻译策略还有很多，但这里就不再一一介绍了。如果你对此感兴趣，不妨自己去查找更多的翻译策略来学习。

译界探秘

许渊冲的诗词翻译"三美论"

提到诗词翻译，就需要知道诗词翻译的"三美论"，而要知道"三美论"，就不得不提许渊冲。

许渊冲，当代中国著名翻译家，被誉为"诗译英法唯一人"。其提出了"三美论"，对中国古诗词的翻译有着重要的指导意义。

那么，何谓"三美论"？"三美论"即在翻译古诗词时，要最大限度地再现原诗词的意美、音美、形美。

那么，何谓意美、音美和形美？许渊冲指出，译诗像原诗一般打动人心，即为意美；译诗像原诗一样韵律悦耳，即为音美；译诗与原诗形式相似，即为形美。意美位居三美之首，最为重要，音美次之，形美位列最后。许渊冲还指出，在翻译实践中，尽量在传达原诗意美的基础上再现原诗音美和形美。当无法同时兼顾三者时，可以不求形美，但一定要做到意美和音美。

这就是许渊冲的诗词翻译"三美论"，你学到了吗？

温故知新

　　翻译不只有严谨之态，也有惊鸿之美。那么，你知道翻译之美之所在吗？下面就让我们重新领略翻译的美丽倩影吧！

　　1. 翻译审美有着复杂的心理机制，这主要体现在审美解读和审美表达两个方面，译者需要充分了解翻译审美的心理机制，这样才能更好地传达原作之美。

　　2. 在翻译中务必要知道翻译审美主体和翻译审美客体，这样才能更好地开展翻译活动，实现审美再现。

　　3. 中国古诗词是中国文化的瑰宝，处处散发着魅力，是绝美的存在。想要传递古诗词的风韵，就要领悟古诗词的特点，在此基础上合理使用翻译方法，从而传达古诗词的意蕴和魅力。

探秘之旅

第七章

停下脚步沉思，
如何评价翻译

走在翻译的道路上，了解了翻译的意蕴本质，探寻了翻译的悠久历史，观望了激烈的翻译论战，梳理出了真正的翻译主体，看到了翻译如何扩展领域，也领略了翻译之美，是时候停下脚步，对翻译进行评价了。如何对翻译进行评价呢？这是值得我们思考的问题。接下来，就让我们对这一问题展开探索吧！

什么是翻译批评？ ----------------------- ◀◀◀

　　在翻译领域，翻译批评是指针对具体的译作或者与译作相关的翻译现象所展开的评论，所以这里的"批评"指的并不是"批判"，而是"评论"。所谓的翻译批评，实际上就是鉴赏，是对误译的批评，也是对翻译的研究；是以跨文化交际为背景，以内容、风格等为切入点，针对翻译展开的批评和欣赏，也是批评与欣赏的结合。

　　翻译批评看似简单，实际上非常复杂，需要基于一定的社会条件，遵循一定的原则，采用一定的方法，对译作进行评价。这种评价绝不是主观的、盲目的、随意的评价，而是客观的、系统的、全面的评价，需要仔细观察和分析翻译过程与结果，对译文做出科学公正的评价。

翻译链接

翻译批判只有一种类型吗？

翻译批判可不只有一种类型，而是包含三种类型，具体如图 7-1 所示。

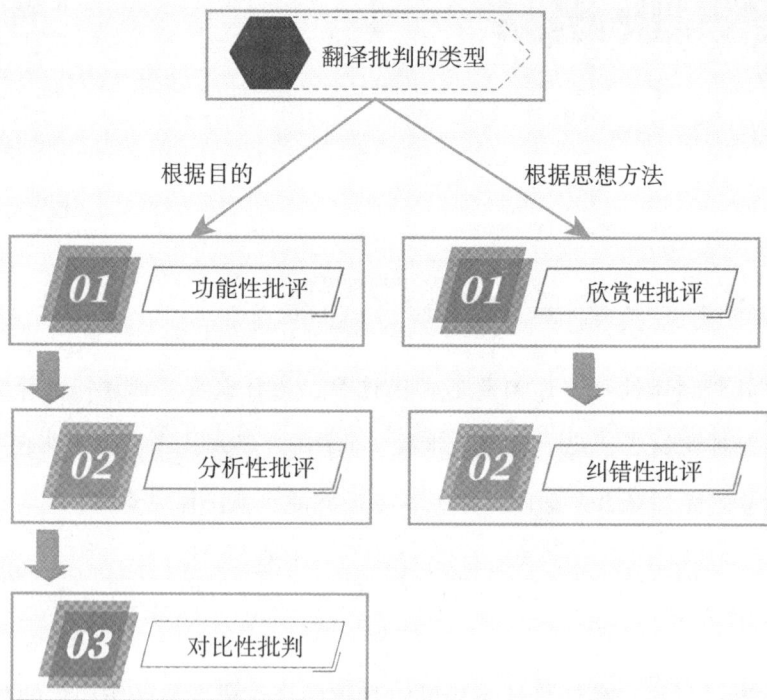

翻译批判的类型

根据目的   根据思想方法

01 功能性批评   **01** 欣赏性批评

02 分析性批评   **02** 纠错性批评

03 对比性批判

图 7-1 翻译批判的类型

可以看出，依据不同的标准，翻译批判可以分为不同的类型。

功能性批判注重整体的思想内容，对语言细节并不在意，所以它带有一定的主观性，属于笼统性的分析。分析性批评则属于细致的分析，会就译文中的每个词语、句子、段落等对照原文进行分析，同时提出客观评价，即褒扬出色的翻译，改进错误的部分。对比性批评是针对不同版本的译文，从翻译方法、质量等方面进行的对比分析，其目的是扬长避短、相互补充。

欣赏性批评也就是为欣赏而进行的翻译批评，注重分析那些出自优秀翻译家的译作，对其艺术价值进行分析，目的是确立范围，以供初学翻译的人或者翻译界的同行观摩学习。纠错性批评重在对那些不规范甚至粗制滥造的译作进行分析，点明其中错译或误译的部分，以供翻译界人士借鉴。但是需要注意，这两种类型的翻译批评并不是相互独立的，二者之间有时也会出现交叉融合的情况。

探
秘
之
旅

翻译批评有着怎样的价值呢？　◀◀◀

求知不倦

　　翻译批评之所以存在，源于其巨大的价值。那么，你知道翻译批评有着怎样的价值吗？其对翻译发挥着怎样的作用呢？

　　翻译批评的价值首先体现在其纠错功能上。翻译批判可以对译界中存在的那些胡译、乱译问题进行揭示，对规范我国翻译事业、促进我国翻译事业的发展具有深远的意义。翻译批评还会分析译作中出现的错误，同时对其加以改进，对提高译界译文的整体质量具有重要作用。

　　翻译批评的价值也体现在欣赏介绍上。翻译批评会对一些翻译大家的经典译作进行赏析，筛选出优秀的译作，树立翻译的典范，供广大翻译人员学习和鉴赏，这对提高翻译人员的翻译水平有着极大的帮助。

　　翻译批评在翻译理论与翻译实践之间架起了一座桥梁。任何翻译理论只有经过翻译实践的检验才能成立，而任何翻译实践都需要翻译理论的指导。翻译批评基于翻译理论来分析翻译实践，又通过翻译实践来验证翻译理论，成为翻译理论与翻译实践之间的一条纽带。

翻译批评在教学中也发挥着重要的作用，是翻译课的一项重要内容。翻译批评可以有效增强翻译学习者的翻译能力，扩大他们的知识范围，加深他们对翻译的认知，提高他们的翻译水平。

总体来讲，翻译批评的价值和意义是巨大的，它和翻译活动一样具有同等重要的地位，所以不可将其忽视。

译 界 探 秘

一次关于《红与黑》复译的批评讨论

1995 年，我国针对法国小说《红与黑》的汉译展开了一次大规模的讨论。这一活动前后持续半年之久，以多种形式对《红与黑》的汉译问题、读书界和出版界十分关注的外国文学作品的复译问题、译界一直争论不休的等值与再创造问题等进行了广泛讨论，同时引起了各界甚至海外学界的重视和关注。

这场现当代绝无仅有的、具有一定组织规模的翻译批评，不仅广受关注，而且影响巨大。这场讨论实现了翻译家的心愿，完美地将翻译界、出版界和读者群之间串联起来，使三者之间建立了紧密的关系。这场讨论还对当时比较流行的一些翻译观念进行解读，并加以重新认识。而且这场激烈但又客观的讨论营造了理性但又宽容的批评氛围，标志着翻译批评的发展与成熟。可以看出，这场讨论的意义不可谓不重大。

探秘之旅

翻译批评的主体是谁呢？

　　既然要进行翻译批评，那么就得有讨论批评的人，也就是翻译批评的主体。翻译批评的主体就是译者吗？这样认为并不全面。那么，翻译批评的主体到底都有谁呢？下面为你一一揭晓。

　　谁才是翻译批评的主体呢？实际上，翻译家、教师、读者、编辑等，都可能是翻译批评的主体，他们有成为翻译批评主体的理由，也有着各自的重要性。

　　不过，关于翻译主体，很多中外翻译家和学者进行了探索并发表了自己的看法，下面就来一起了解一下吧。

　　纽马克对翻译批评的主体进行了总结，具体分为五种，如图 7-2 所示。

　　贝尔曼将翻译主体归纳为四类，如图 7-3 所示。

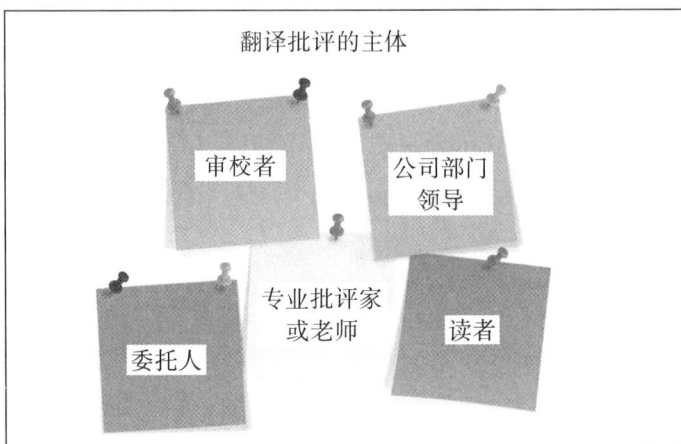

图 7-2　纽马克的观点

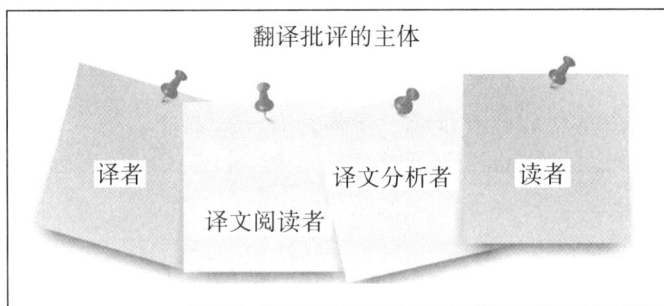

图 7-3　贝尔曼的观点

我国学者杨晓荣根据批评者的定位，将翻译批评分为三类，如图 7-4 所示。

尽管不同的学者有着不同的看法，但是从中也能看出批评主体的多样性。这里我们将翻译批评的主体进行如下归纳，如图 7-5 所示。

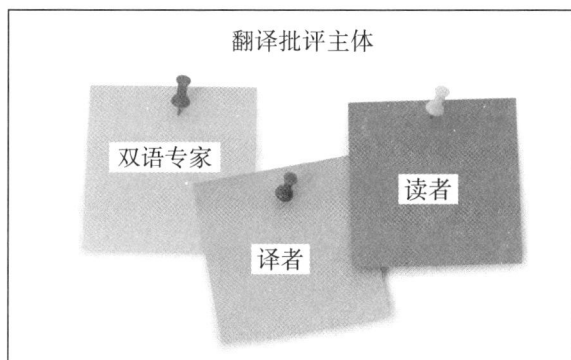

图 7-4　杨晓荣的观点

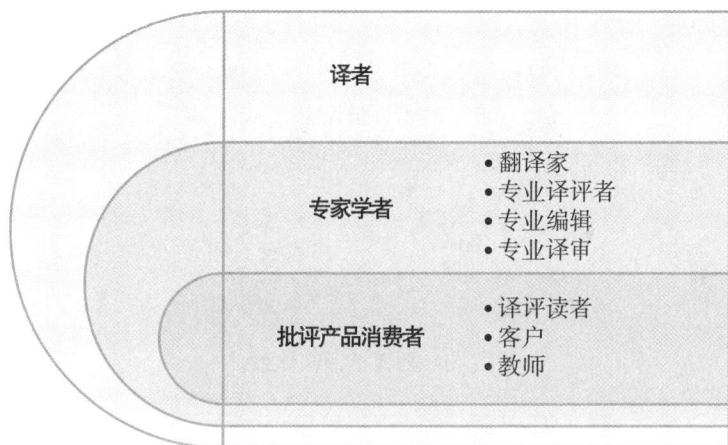

图 7-5　翻译批评的主体

你知道吗？不同的翻译主体，他们的批评视角是不相同的。例如，译者的批评主要注重以经验为基础的过程以及结果的分析；专家学者的批评则注重从整体性出发进行全面和深入的探讨；产品消费者的批评最为关心接受效果。

翻译批评的主体并不单一，也不能单一，翻译批评需要不同的主体发出不同的声音，需要不同主体之间发挥互补作用。

翻译链接

翻译批评客体都有谁？

有主体就有客体，客体总是与主体相对的。那么，你知道翻译批评的客体都有谁吗？下面就通过图 7-6 来为你呈现翻译批评的客体。

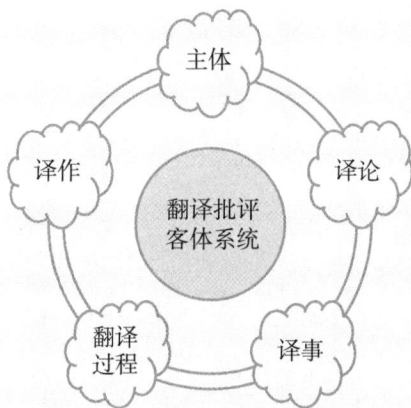

图 7-6　翻译批评客体系统

实际上，除了上述翻译批评客体，翻译环境、翻译群落、批评群落、批评产品等都可以是批评对象，都可以作为批评客体。

翻译批评应依照怎样的标准呢？ ◀◀◀

既然要评价和讨论翻译，那就应该有一定的参照标准，因为没有标准，翻译批评就是一纸空谈。那么，你知道翻译批评的标准是什么吗？

关于翻译批评的标准，这里为你总结如下，让你知道翻译批评应依照怎样的标准进行。

对等准则

翻译批评应参照对等标准，不过这一准则本身蕴含一个假设，也就是译文与原文十分相似，在赏析译文时，侧重译文与原文在不同方面的对比，寻找译文与原文之间的差异，当译文与原文相似度越高，越说明译文比较成功。其中，对等包含多个方面，如语音对等、词语对等、意向对等、功能对等、风格对等。

实效准则

从根本上来说，翻译属于一项服务性工作，其成功与否要看消费者的满意程度。而消费者满意与否，又与译文是否达到了消费者委托的目标有关。委托人的期望决定着其满意程度，委托人的希望有些可以量化，有些则可以验证，如委托人看译文是否按照其要求完成工作。

再生准则

什么是再生准则？再生准则就是翻译批评过程中不将译文看作原文的复制品，也不衡量译文的作用，而是将译文看作原文的"借尸还魂"，让原文借助译文再生，获得新的生命。

　　当然，翻译批评的标准并不止上述几个，还有准确性、客观性、简洁性、全面性等，而且这些都不难理解，因此这里就不再逐一介绍。

探
秘
之
旅

如何进行翻译批评呢？ ◀◀◀

求知不倦

　　了解了翻译的价值，确定了翻译的主体，明确了翻译标准，接下来就要着手进行翻译批评了。你知道如何进行翻译批评吗？你知道翻译批评要经历哪些步骤吗？

　　翻译批评并不是随意进行的，而是在参照一定的标准基础上，按照一定的步骤进行的。翻译批评具体要经历图7-7所示的四个步骤。

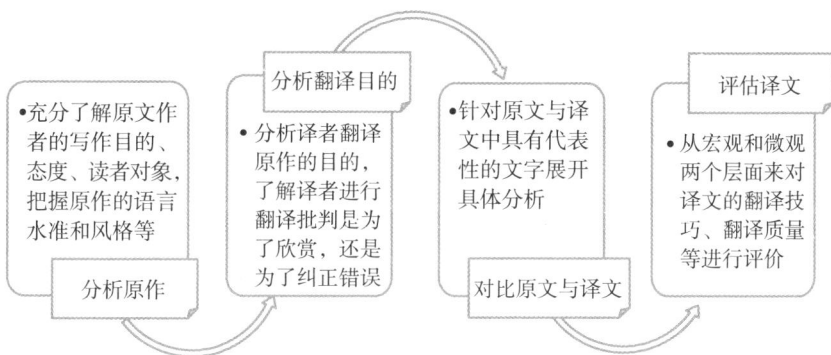

图 7-7　翻译批评的步骤

通过图 7-7，相信你已经对翻译批评的步骤了然于心了，完整地进行翻译批评也将不再是问题。

翻译链接

翻译批评的方法有哪些？

做任何事情都讲求方法，翻译批评也是如此。那么，你知道翻译批评的方法都有哪些吗？下面就通过图 7-8 带你掌握翻译批评的方法。

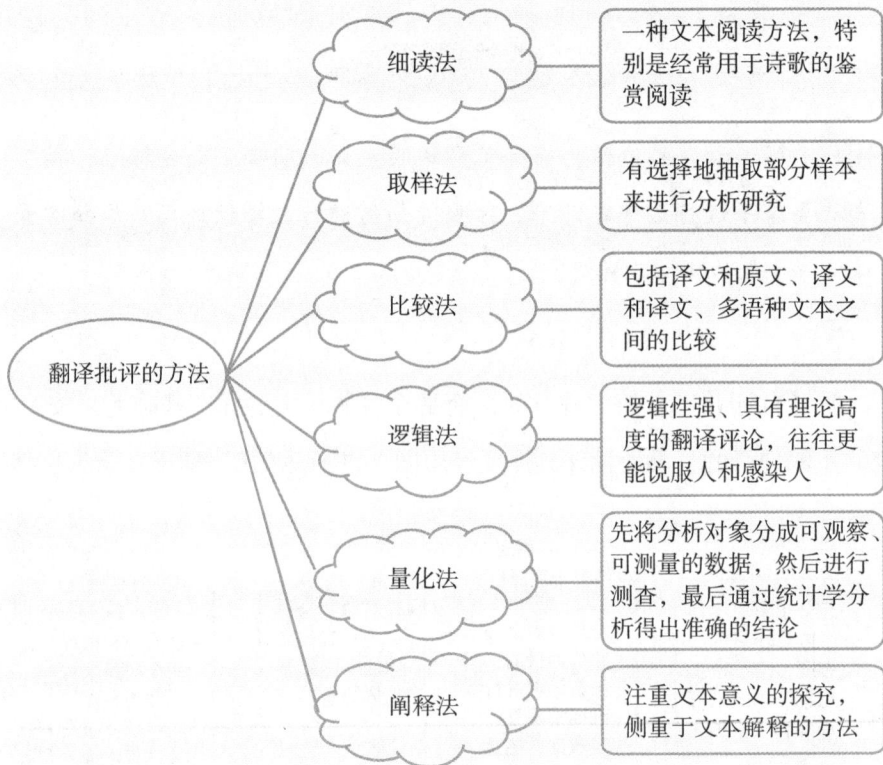

翻译批评的方法		
细读法	一种文本阅读方法，特别是经常用于诗歌的鉴赏阅读	
取样法	有选择地抽取部分样本来进行分析研究	
比较法	包括译文和原文、译文和译文、多语种文本之间的比较	
逻辑法	逻辑性强、具有理论高度的翻译评论，往往更能说服人和感染人	
量化法	先将分析对象分成可观察、可测量的数据，然后进行测查，最后通过统计学分析得出准确的结论	
阐释法	注重文本意义的探究，侧重于文本解释的方法	

图 7-8　翻译批评的方法

掌握了上述方法，在翻译批评过程中会更加得心应手。

温故知新

　　在驻足沉思的过程中，你明白什么是翻译批评了吗？知晓翻译批评的价值了吗？知道翻译批评的主体是谁了吗？了解翻译批评的标准了吗？知道如何进行翻译批评了吗？针对这些问题，下面我们再来重新梳理一下吧。

　　1.翻译批评可不是我们简单认为的翻译批判，而是针对译作展开的赏析和评价。

　　2.翻译批评的价值是巨大的，对翻译事业、译者、翻译教学以及其他学科等的发展，都有深远的意义。

　　3.翻译批评的进行必须以一定的标准为准则，只有基于科学的标准，同时遵循规范的步骤，才能准确、全面地进行翻译批评。

探秘之旅

第八章

漫步翻译之路，
饱览"译"界好风光

学习了关于翻译的基本理论知识，相信大家对翻译有了越来越浓厚的兴趣，的确，翻译不仅仅是一种语言转换活动，还涉及文化、美学等方方面面，想要在翻译这条道路上走得更远，离不开翻译实践。所谓的翻译实践也离不开对源语和译语文化的了解，而文化恰恰反映在生活的方方面面。下面就让我们走进生活，从点点滴滴中感受中西文化背景下翻译的魅力。

领悟数字文化魅力

求知不倦

　　从0到9，10个数字千变万化的组合构成数字王国，我们在生活中处处可以感受到数字的丰富含义和寓意，这就是数字文化。那么同样一个数字，西方人对数字的感知和理解是否与我们相同呢？如果遇到带有数字的句子，在进行翻译的时候能不能想当然地直接翻译呢？上面这些问题的答案将在下面的内容中一一为你揭晓。

yī	èr	sān	sì	wǔ
一	二	三	四	五
1	2	3	4	5

liù	qī	bā	jiǔ	shí	líng
六	七	八	九	十	零
6	7	8	9	10	0

中西方数字文化有何不同？

数字具体到文化意象和翻译实践中的时候，可不是只有 1、2、3 这么简单的理解，而是常常跟不同的民族文化有很强的关联性。下面我们将对中西方文化中的几个主要的数字进行介绍，带你了解数字文化，避免翻译误解。

◆ 一与 one

在中国文化中，数字"一"有着极其重要的地位，主要有如下含义。

根据我国道家学说解释，"一"含有"开端，起始"之意，道家思想讲到"一元之数，万物开泰"和大家都熟悉的"道生一，一生二，二生三，三生万物"就是这个道理。《淮南子》有语："一也者，万物之本也。"

由于数字一处于起始位置，可理解为"第一"，那么"一"就成了成就、地位和尊荣的象征，我们说"考第一""拿第一"都是这个含义。

"一"在中国人心里有很高的地位，它往往含有"凝聚于一点，专心于一点"的意思，汉语中很多成语，比如"一心一意""一如既往""一鼓作气"等都可以理解为"专一"含义的延伸。

数字"1"在西方文化中也有着很重要的地位，古希腊数学家毕达哥拉斯认为数字"1"是由神所表现的不可分割的统一体，因此我们看到 one 这个单词既有数字"1"的意思，同时也可代指"任何人或物"，与之搭配的 someone, anyone, everyone，也都是不定代词和 one 结合在一起，而不是其他数字，足见 one 具有代指整体的特性。西方文化中 the Holy One 指"神"，the Evil One 指"魔鬼"。同中国文化相似，西方人也认为数字 1 代表万物的起始，西方塔罗牌里的数字"1"象征着宇宙创造万物的力量，暗示着从"无"到"有"的过程中蕴藏着无限大的万能力量。

◆ 三与 three

中国哲学中讲究"三才之数，天地人和"，把天、地、人看成组成宇宙的三大要素，人们习惯用天时、地利、人和这种通俗的语言来表述它。另外，汉语中数字"三"有"多""久"的意思，如上文所说的"三生万物"就是世间万物都可以从"三"衍生而来，三可以看作"多数"的起点；人们常说的"事不过三"，意思就是说指同样的事不可能出现三次，这里的"三次"就意味着"多次"；民俗文化中的福、禄、寿三星和日、月、星三辰都与三有关；李白的诗中讲"白发三千丈，缘愁似个长"，这里的"三千丈"是夸张手法，表示很长，不是具体长度。

three 在西方文化中是一个具有正统含义的完美数字，这主要跟西方传统文化有关，他们认为人只有在身、心、灵（body, mind, soul）都健康的情况下才能达到舒服的状态，人的一生是由出生、生命（或者生活）和死亡（birth, life and death）构成的，这些都是西方思想关于 three 的典型含义。在希腊罗马神话中，three 是个尊贵的数字，后世人将其含义延伸想象化，比如" No.3 is a magic number（数字三是一个神奇的数字）"，可见西方人对数字"3"的喜爱。

◆ 四与 four

在中国文化中，大家很容易想到就是四是"死"的谐音，因此"四"常常被认为是不吉利的数字，与"四"有关的一些成语表达，也通常包含了孤独、贫穷、死亡等暗黑色彩，比如"四面楚歌"，表示遭受各方面攻击或逼迫，陷于孤立窘迫的境地，还有"危机四伏""家徒四壁""四体不勤"等词语也暗含了四的贬义色彩。

four 在西方人眼中却是饱受赞誉的，因为他们认为四四方方的方形代表着全面的稳固，比如 four-star 意思是"卓越"，the four corners of the earth，字面意思是"地球的四个角落"，意为"天涯海角"。此外，four leaf clover 意思是幸运草，square 本义是四方形，因此 foursquare 就是进一步强调"方正"，意思就是为人诚实坦率，做事坚定不移。

◆ 七与 seven

在中国传统道家思想中，"七"是"阴阳"和"五行"之和，道教讲究"七政之数，吉星照耀"。中国古代神话中也出现了大量的与"七"相关的故事，比如女娲用了七天开辟鸿蒙，创造万物，可见七在中国文化中受到一定的崇拜。此外，因为七与"气"谐音，所以生活中人们又常常避免使用与七相关的数字，比如婚礼等喜庆的日子都不选带七的日子。而且在现代汉语中，含有"七"的成语大都含有贬义，比如"七嘴八舌""七手八脚""七零八落"，可见数字七在日常普通生活中又失去了道教赋予其的神圣意义。

西方人对数字"7"极其推崇，"7"对整个西方文化乃至世界文化都产生了影响，数字"7"被赋予了高贵神秘色彩，西方人认为数字"7"是lucky number，就连美国最著名的时装中心"第七大道（Seventh Avenue）"也与"7"有关。

◆ 八与 eight

在中国传统文化中，对于数字"八"人们最容易联想到的就是"发"的谐音，寓意"发财致富"，生活中人们喜欢带有尾号是"8"的手机号，选带有数字"8"的车牌，选带"8"的良辰吉日，都认为"8"是吉祥数字。在中国古代哲学中，《周易》说："是故，易有太极，是生两仪，两仪生四象，四象生八卦，八卦定吉凶，吉凶生大业。"可见"八"有周全万物，期待万象共和的意思，我们说"才高八斗""八菜一汤"也是用到了"八"代表的周全和圆满的意思。

在西方文化中，"8"也意味着幸运，因为数字"8"横放着的时候，就是数学上讲的"无穷"，在古希腊时期就寓意着丰硕成就和长寿；举行婚礼时，新郎和新娘将结婚戒指竖着摆放在一起，形成"8"，预示着婚姻幸福美满。

◆ 九与 nine

"九"在中国文化中的地位也很高，是一个吉祥的数字。比如称古代帝王为"九五之尊"，如果皇帝是"万岁"，那么被称为"九千岁"的臣子就代表权力仅次于皇帝。很多古代建筑也与数字"九"有关，比如天坛的圜丘反复使用数字九以象征"天"和强调与"天"的联系；"玄生万物，九九归一"，这里的"九九归一"也是万物终结于九，达到"一"的状态。此外，因为"九"与"久"谐音，也寓意"长长久久"之意。

数字"9"在西方人眼中也是一个神圣的数字，nine 是 three 的三倍，如果说 three 表示三位一体、和谐统一的话，那么 nine 更强调完美、圆满的意义，我们看到保龄球的瓶状木柱数（ninepins）是 9，跳棋的各方均为 9 个孔，可见西方人也将"9"运用于生活的方方面面。西方有句言语叫 a cat has nine lives（猫有九条命），形容富有生命力的人、吉人天相。

翻译链接

你知道哪些中西方文化特色数字？

通过上述内容可以清楚地感受到同样的阿拉伯数字在不同的民族文化背景下有着不同的文化含义。然而大家也发现了，上文并没有穷尽每个数字，这是因为有的数字在中国文化中有含义，但在西方文化中没有什么特殊含义。下面通过表 8-1 我们一起来看看中西方数字文化各自特有的含义吧。

表 8-1　中西方文化之特色数字

中西方文化之特色数字的象征含义
数字"二"
"二"在中国文化里是一个很有趣的数字。《周易》讲"易有太极，是生两仪"，具有两种对立性质并能化生出其他东西的事物或者事物的品格，都是从"太极"划分出来的。汉语中，"二"可以用汉字"双""两"代替，常常包含褒义色彩，比如"好事成双""文武双全""两全其美""福慧双修"，这里的"二（双、两）"意味着圆满，是一个吉祥数字。不过在近代汉语中，"二"又有了新意，比如"这人可二了"，意思是说这个人"不成熟，莽撞，冒失，随意，不懂规矩"，是贬义词，翻译的时候切勿仅从字面入手，误导读者。
数字"五"
汉语中的数字"五"主要跟传统的儒家和道家思想有关，比如"金木水火土"五行，"酸甜苦辣咸"五味，"仁义礼智信"五常道德标准，都跟"五"相关，流传下来并逐渐融入我们的日常生活中。
数字"六"
数字"六"在中国文化中是一个吉祥数字，表示顺利，比如"六六大顺"有祝福别人事业发达的意思，中国古代婚姻需备"六礼"，也有圆满周全的意思。
数字"13"
关于数字文化，西方文化有一个很有趣的现象，那就是人们似乎对其他数字都没有那么"仇恨"，偏偏对数字"13""另眼相看"，原因就像中国人不喜欢"四"一样。这其实跟西方圣经故事《最后的晚餐》有关，参加晚餐的是 13 个人，晚餐的日期恰逢 13 日，正是这多个"13"给耶稣带来苦难和不幸。从此，"13"被认为是不幸的象征，是背叛和出卖的同义词。因此，在日常生活中西方人处处避讳"13"。

左侧纵向标签：
- 中国文化的特色数字
- 西方文化的特色数字

中西方数字文化可以这样翻译

通过上面的学习，大家对潜藏在数字背后的文化是不是有了更深一步的了解呢？这样的学习对于我们在翻译过程中注意数字文化现象有不少帮助，下面我们借此机会浅谈一下在具体语境中应该注意的数字翻译事项。

◆ 采用直译法

直译法就是保留原文中的数字直接进行翻译的方法。当英汉数字相对应，不会引起错误联想的情况下，就可以采用直译法。例如：

A bird in the hand is worth two in the bush.

双鸟在林，不如一鸟在手。

Once bitten, twice shy of ten years.

一朝被蛇咬，十年怕井绳。

Kill two birds with one stone.

一箭双雕。

◆ 巧用意译法

意译法主要是结合语境，不一定完全按照字面意思去翻译，而是更关注将表达的含义传神地翻译出来。因此，意译法可以简单理解成"按照意思翻译"，不拘泥于形式，比如 look before you leap（三思而后行），big and tall（五大三粗）。

再如，"这件事他也了解了十之八九了"，如果译成" He knew eight and nine of ten of the thing."就显得很奇怪，使用意译法恰当处理，改为

"He was well aware of this thing."虽然没有出现任何数字，但是把意思翻译到位了。

◆ 学习概数翻译

这类翻译其实是数字意译的轻微变体，通常表示数量、规模的数词不翻译，而简单模糊处理为"多"或"多于"。例如：

I told you fifty times.

我告诉你多少遍了。

He is ten times smarter than you.

他比你聪明太多了。

探
　秘
　　之
　　　旅

感受色彩斑斓的大千世界 ------- ◄◄◄

求知不倦

　　大千世界，形形色色，生活在如此多姿多彩世界的你每天都能看见不同的颜色，那么你知道每种颜色都有什么含义吗？想知道西方文化里的色彩和中国的色彩文化有什么共通或者区别之处吗？色彩文化作为一种独有的文化现象主要受地理环境、风土人情、思维方式、价值观念民族心理等因素的影响。各种颜色对于不同民族的人而言，无论在视觉上还是心理上，所引发的联想都不尽相同，翻译时应该特别注意其中的差异。下面我们就从色彩翻译这一角度感受翻译意蕴的"色彩斑斓"吧。

中西方色彩文化有何不同？

◆ 红色与 red

红色是我们最常见也最熟悉的基本颜色之一，那么中西方人们对红色有着怎样的感情呢？在翻译的时候又应该注意哪些不同语境呢？下面我们来对比一下中西方文化背景下红色的不同象征意义。

在中国文化中，红色有以下文化含义。

红色代表着尊贵，源自古时候祖先对日神的崇拜，我们常常形容太阳是"火红火红的太阳""红日高照"；红色还代表富贵，古代用"朱"表示红色，因此古代王公贵族住的地方叫"朱门"，古诗有云"朱门酒肉臭，路有冻死骨"，后人也用"朱门"代指豪门望族，可见红色在人们心中具有一种权力和地位的象征意义。

红色还代表着喜庆，表达一种愉悦欢快之情，寓意一种红红火火的生活，这就是为什么中国人过年贴红色春联，挂红灯笼；中国传统婚礼中的红喜字、红蜡烛、红色被褥、新郎新娘穿的红色礼服，都是表达一种热烈喜庆的色彩，这些日子都是红色的日子、喜庆的日子。

中国人有"尚红"情结，红色代表饱满、热情，含有"成功，兴旺"之意。挂红色牌匾，预示着"开业大吉"；形容一个人事业成功了，我们说"走红了、红极一时"，生活中也常常用"红人"来形容比较得宠的人。

红色在中国文化中还常常与女性联系在一起。比如，用"红装"来形容女子穿着盛装；我们常常用"红颜易老"来形容女性青春的流逝；古代诗人也用"朱颜"来代指女性，比如李煜的"雕栏玉砌应犹在，只是朱颜改"；我们熟悉的《红楼梦》也描述了形形色色的女性人物。

红色还代表着革命，红色政权、红军、红歌、红色旅游，是属于中国工农政权特有的革命的代表颜色，其实红色革命也是对中国传统道德文化的发扬和传承；古代戏剧中"红色"代表着忠义，比如红脸的关公就是一个很好的证明。

红色在中国文化中有时候也表示嫉妒、羡慕，比如我们常常说"某人得了红眼病"，这个时候不是说某人患了某种眼疾，而是说某人嫉妒别人，或者说"眼红得不得了"；有时候也常用"血"代指"红色"，比如"血光之灾"。

在西方文化中，红色有以下文化含义。

红色在西方文化中常常与暴力、混乱的政治运动联系在一起，因为暴乱、恐怖活动等血腥危险的场面意味着流血，失去生命，而红色是血液的颜色。比如 a red revolution（赤色革命），red activities（激进运动），red battle（血战），red revenge（血腥复仇）"等词语足以让人产生与血液相关的联想，因此红色在西方人眼中常常暗含着暴力、流血。

红色是一种耀眼的颜色，还代表着冲动、挑衅，常常伴随着一种紧张的情绪。例如，我们看到西班牙斗牛士拿着红布来挑衅斗牛，足见红色对视觉的冲击力。因此，在西方人的日常生活中，红色常常用来表示危险或愤怒，比如 see red（发怒），red with rage（愤怒）；易燃易爆物品也常常贴有 red label（红色标签）以示警醒，球场上裁判亮起了 red card（红牌），那么球员就要小心被罚下场的危险了。

红色在财务经济领域表示负债、亏损，其实也是利用了红色色彩鲜亮可以达到警醒的作用，比如人们常常说的 red figure（赤字），red balance（赤字差额）等从字面意思就能感受到经济财务状况，还有常见的 in the red 表示经营亏本、亏空，要摆脱亏空常常说 to get out of red，可见西方经济中的"红色"绝不是红红火火，而是水深火热。

在西方文化中，红色也可以与女性联系在一起，但常常暗含着"性"，意味着淫秽、放荡。比如美国作家霍桑的《红字》中的女主人公被迫佩戴标志"通奸"的红色 A 字示众，就有这层含义。再比如人们常说 a red light district（红灯区）表示色情场所。

总体上，中国人有一种"尚红"情结，红色在中国文化中是一种积极的色彩，词语的含义大部分都具有褒义色彩。而西方人对红色有一种"赤色恐惧"，这种赤色恐惧源自源远流长的圣经文化，恶魔撒旦就是一头红色的龙（red dragon），所以西方人基本上是把红色与暴力和危险联系在一起的，与红色有关的词语基本上都具有贬义色彩。

翻译链接

中西方红色文化不仅有异也有同

通过以上内容我们了解到了红色在不同的文化背景下有不同的含义，但是人类感情也是相通的，那么中西方红色文化有没有其共通之处呢？当然有，下面我们就一起看看以下的内容吧。

"红色"象征着节日的欢乐和喜庆

在中国文化中，节日期间张灯结彩，这种彩大部分也都是以红色为主。而西方文化中遇到喜庆和值得纪念的日子也用红色标注日历以示重要。比如，英语中常常有 a red-letter day，就是指重要的节日或者值得纪念的日子，人们常常说 paint the town red，从字面理解其意为"把小镇涂成红色"，那就是要节日狂欢了；法语中也把法国荣誉团勋章的红绶称为"Red Ribbon Bath"。可见，在中西方文化中，红色也有其共同的含义，即表示节日的欢乐和喜庆。

"红色"象征爱情和浪漫

大家都知道红玫瑰是爱情的象征，这个爱情象征其实就是从西方文化中传入我国的。英国著名诗人罗伯特·彭斯的著名诗歌 *a Red Red Rose* 开头就写到"Oh, my love is like a red, red rose"，翻译过来就是"我的爱人像一朵红红的玫瑰"，可见西方人用红色玫瑰作为爱情的信物，象征真挚纯洁的爱。中国人也采用红色表达浪漫爱情，比如中国古代诗歌"红豆生南国，春来发几枝"表达相思之情，中国传统婚礼新娘的红嫁衣、红盖头都是表达对美好爱情的祝福。可见，在用红色表达爱情这方面，中西方文化是共通的。

◆ 白色与 white

白色也是生活中非常常见的颜色，不同文化下的白色有其独特的文化含义，下面就让我们一起了解一下吧。

汉语中的白色，常常象征着死亡、恐怖。例如，最典型的"红白喜事"，"白事"是指亲人死后家属为其办的葬礼，失去亲人的人身穿白服，披麻戴孝，用白色表达一种祭奠和哀悼。白色在中国文化中也跟奸诈、阴险联系在一起，比如京剧脸谱中白色脸谱代表奸臣，而随着近代历史的演变，白色逐渐具有了反动恐怖的色彩，例如"白色恐怖""白色政权"。

　　白色在中国文化中还象征着失败、愚蠢、劳而无功。比如，人们称智力低下的人为"白痴"，或者把没有让自己满意的人也称之为"白痴"，是一种鄙视和蔑称；形容辛苦一场却没有得到应有的结果，就说"白干了""白费力"。有时候白色在古代文化中也代表知识浅薄、文化水平低，比如"谈笑有鸿儒，往来无白丁"，这里"鸿儒"和"白丁"形成了鲜明的对比，"白丁"就指的是平民老百姓。

　　white 在西方文化中最基本也是最经典的含义就是象征纯洁、高雅，我们看到西方人的婚礼常常是在白色教堂举行的，新娘身穿白色婚纱，手捧白色鲜花，可见白色是一种圣洁的颜色。另外，西方人最重要的节日圣诞节，也正是赶上冬季白雪皑皑的时候，所以圣诞节也被称为 white Christmas。

　　white 在英语表达中常常与纯真无邪联系在一起，比如 a white spirit（正直的精神），a white soul（纯洁的心灵），white men（高尚、有教养的人），white hand（廉洁诚实，清白无辜），a white lie（善意的谎言）。有时

候 white 也表示公正合法，比如 white market（合法市场），treat sb. white（公正地对待某人）。

总体来说，白色在中国文化中是一种冷色调，与白色相关的词汇趋向于贬义色彩；white 在西方文化中是一个含褒义色彩的词，有"清白纯洁"之意。

◆ 蓝色与 blue

蓝色是大自然最常见的颜色之一，天空是蓝色的，大海也是蓝色的，蓝色这种自然色彩给人一种澄亮明快之感。但是蓝色这一色彩在中国文化中似乎没有什么特定引申的含义，它不属于古代界定的"青、红、皂、白、黄"五种"正色"。一些古代诗歌如"蓝田日暖玉生烟""春来江水绿如蓝"等也只是有之就将其用之，并没有太多的比喻含义和引申含义。

蓝色在西方文化中被赋予了很多文化内涵，下面就让我们逐一了解一下吧。

（1）象征王权、地位，暗含严肃高贵的情感色彩。比如：

blue blood，蓝色血液，表示贵族血统，名门望族。

blue ribbon，蓝色带子是最高荣誉的象征。

blue laws，蓝色法律是最严格的法律。

另外，蓝色还表示正义，比如 a true blue 意思是忠实可靠的人。

（2）表示情绪低落，心情郁闷。

人们常说的 blue Monday，对于上班族来说是个十分贴切的词语，因为"蓝色星期一"表达的是心情处于郁闷忧郁之中，所以 blue Monday 也是 gloomy Monday；与之相关的表达有 in a blue mood，to feel blue，to look blue 等这些 blue 都是表达不高兴、很沮丧。

美国有一种音乐 blues，我们称之为"蓝调"，是忧郁怨曲的代表音乐，它正是从美国黑人奴隶抒发心中抑郁幽怨而慢慢发展起来的。

（3）与高贵相反，在西方，blue 意味着色情、下流。比如：

blue films/movies　黄色电影

blue jokes　黄色笑话

blue video　黄色录像

（4）用来指代性别或特指某一类人。

西方社会一战以后常常用蓝色表示男孩，而认为粉色是女孩的颜色，但是请注意，blue boys 不是"蓝色男孩"的意思，而是指代"警察"，因为警察通常穿着蓝色制服，而 blue collar 就是我们通常说的"蓝领"，指代的是工人阶级。

总之，蓝色在西方文化中是一种冷色调，因处于不同的社会背景和语境中有不同的含义，故翻译的时候务必结合语境来解析其真实含义。

◆ 黄色与 yellow

黄色曾经是汉语里最尊贵的颜色。从宫殿的金碧辉煌到皇帝穿的龙袍，都可看出黄色的尊贵程度。黄色在中国文化里，尤其是在古代中国，都是一种王权和皇权的象征。那么，除了王权尊贵之意，还有哪些含义呢？在西方文化中又有着怎样的特定含义呢？一起来看看下面的解释吧。

黄色也是金子的颜色，因此又称为黄金，常常有富足之意。比如人们说的"黄金水道""黄金时段""黄金比例"。

但是随着东西方文化交融，中国亦受到了西方文化的影响，结果中国的"黄色"也沾染上了"堕落淫秽"之意，比如从西方直接引用过来的"黄色笑话""黄色书刊"等词语。

日常生活中，黄色也暗含着失败，或者表示事物已经过时了，比如"这事就这么黄了""明日黄花"。

与汉语中较丰富的文化内涵不同，黄色在西方文化中含义单一且常常含有贬义，带有"背叛、胆小、卑劣"的色彩。比如 yellow dog（卑鄙的人），yellow belly（胆小鬼），或者直接说" He is too yellow to stand up to fight against this bastard."（他太懦弱，都不敢起来跟这个混蛋斗争。）

需要指明的是，西方文化中的黄色就如同蓝色在中国文化中一样，主要使用其颜色本身含义，黄色给人一种明亮鲜艳的视觉冲击感，比如英国著名湖畔派诗人华兹华斯的《黄水仙》中对 golden daffodils 的描述能使人感受到人与自然的和谐带来的内心的欢欣与宁静。诗歌里的黄色就是大自然的颜色，没有什么特殊含义。因此，大家在翻译时要根据语境来判断，不可贸然认为黄色就是"胆小懦弱"的意思。

◆ 绿色与 green

说到绿色，人们想到的是青山绿水，是大自然最本真的颜色。绿色代表着生机、希望，从古代诗歌里的"最爱湖东行不足，绿杨阴里白沙堤""春风又绿江南岸，明月何时照我还？"到现在人们说的"绿色食品""绿色工程"都饱含对绿色的称颂。

那么，绿色在中国文化里有没有其他特殊含义呢？当然有。其一，表达正义，比如人们说"绿林好汉"，指的就是那些聚集山林，劫富济贫的人，四大名著之一的《水浒传》描述的就是这样一帮绿林英雄。其二，绿色还带有贬义，古代佩戴绿头巾就是地位卑微的象征，那些乐工、伶人、娼妓等地位低下之人就佩戴此颜色头巾，这样带有侮辱色彩的头巾后来慢慢演变成现在人们所说的"绿帽子"，用来讽刺其妻子与他人有染的男子。除此之外，在中国文化中绿色没有太多的比喻义和象征义。

绿色在西方文化中有比较多的含义，下面就让我们逐一了解一下吧。

（1）象征青春的活力，生命力的旺盛，比如 in the green（血气方刚），a green old age（老当益壮），to remain forever green（永葆青春）；另外，也表示新鲜的，比如 green recollection（记忆犹新），a green wound（新伤口）。

（2）象征着处境顺利，暗含和平和友善，最常见的我们说拿到了绿卡（green card），就意味着事情顺利办妥了。类似相关的表达还有 greenhouse（温室）、in the green tree（身处佳境）、a green winter（温暖的冬天）、green light（批准，许可）。

（3）绿色还可以表示幼稚没经验，green hand 就是我们所说的职场菜鸟，是个生手，类似的表达还有 as green as grass（幼稚）、a green born（没有经验易受欺骗的人）。或者我们直接说某人是"绿色的"，比如"She is still green in dealing with such trouble, don't treat her too hard."（处理这样的麻烦她还没什么经验，别对她太严苛了）。

（4）绿色还有妒忌的意思，就如同我们汉语文化中的"红眼病"，英语中用 green eye 表达艳羡、嫉妒。类似的表达还有 to see the green in the eye（看出某人嫉妒之心）。

◆ 黑色与 black

最后我们来谈一下黑色在中西方文化中的蕴意。黑色一般给人一种压抑的感觉。在中国文化中，黑色表示悲哀、死亡，我们看到葬礼上棺木是黑色的，死者的亲属朋友也佩戴黑纱以示哀悼。另外，黑色还常常与邪恶、黑暗等联系在一起，比如黑社会、黑帮、黑钱、下黑手等，足见黑色在中国文化中是一种不吉利的颜色。

其实，在西方文化中，黑色也被赋予了表示邪恶、犯罪的感情色彩，比如 black sheep（害群之马、败家子），black list（黑名单），black guard（恶棍），black mail（敲诈、勒索）。黑色在西方文化中也是一种不吉利的颜色，常常让西方人不寒而栗的黑死病（black death）就是用黑色来描述死亡，诸如 black words（不吉利的话），black-letter day（凶日），也表达了黑色带给人们的不吉利之意。

可见，黑色在中西方文化中所蕴含的意思是大体相同的，这也是中西方文化的共通之处。除了前面所说的含义，黑色还可以用来作为一种程度副词或形容词，增强感情色彩，比如 black cold（寒冬），black frost（严霜），black despair（深深的绝望）。

中西方色彩文化可以这样翻译

通过上面的学习，大家对潜藏在颜色背后的文化是不是有了更深一步的了解呢？这样的学习对于我们在翻译过程中应注意的颜色文化现象有不少帮助，下面我们借此机会浅谈一下遇到颜色词汇时的翻译注意事项。

◆ 运用直译法

直译是最简单的方法，不附带任何含义，是什么颜色就直接翻译成什么颜色就可以了，绝对不会引起歧义。比如：

White house　白宫

green tea　绿茶

red rose　红玫瑰

◆ 善用意译法

意译法需要我们能够结合具体语境采用合适的词语加以翻译。比如：

love pea　红豆

make a good start　开门红

white coffee　加奶咖啡

rosy cheek　红润的面颊

wedding and funeral　红白喜事

◆ 巧用替换法

所谓"替换法"，其实就是因为英语和汉语的颜色文化含义不是一一对应的，甚至差异很大，这个时候就需要结合语境，将源语语境中的颜色按照译语语境的要求替换成合适的颜色表达出真正要表达的意思。比如：

black tea　红茶

brown bread　黑面包

brown sugar　红糖

purple wine　红葡萄酒

译界探秘

《红楼梦》中的颜色词翻译

提到颜色词的文化内涵及翻译，就有必要了解一下《红楼梦》中颜色词的翻译。《红楼梦》，中国经典文学作品之一，位于中国四大名著之列，其中就运用了大量的颜色词汇，展现了中国特有的审美文化。

如何将富有中国特色的颜色词汇加以翻译，让国外读者了解其含义呢？我国著名翻译家杨宪益及其夫人戴乃迭共同对《红楼梦》进行翻译的过程中，就对其中的颜色词进行了精准翻译，让国外读者充分领略了中国特色文化。例如，"蜜合色的棉袄，玫瑰紫二色金银线的坎肩儿，葱黄绫子棉裙"，短短的一句话，包含了多个颜色词。杨宪益夫妇基本采用"物体＋颜色"的字面意思或者改译法进行翻译，将这句话译为"Honey-colored padded jacket, a rose-red sleeveless jacket lined with brown and snow-weasel fur, and a skirt of leek-yellow silk."尽可能地保留了原文的美学风格，让国外读者充分感受到了中国的色彩文化。

探
　秘
　　之
　　　旅

徜徉于清净自然的草木世界

◀◀◀

求知不倦

　　大自然孕育了万物，不同国家和地区不同的地形和气候条件造就了不同的植物。由于民族文化的不同，这些植物被赋予了不同的文化含义。这样的草木已不再是自然界中的自然的草木，而是被赋予了文化色彩。那么，你想知道日常所见的花花草草有什么特殊的含义吗？在中西方不同文化背景下进行翻译时应该注意哪些地方呢？下面走进关于大自然植物的文化课堂，一起来学习和了解一下吧。

中西方植物文化有何不同？

相同的植物因为不同的文化背景而被赋予了不同的文化含义，在翻译过程中需要注意这些花花草草所代表的文化含义，从而确保译文的准确和优美。下面我们就从植物的文化角度感受东西方文化的差异，探讨其翻译。

◆ 莲花（lotus/water lily）

莲花在中国古典文化中有着很强的存在感，蕴含着多种含义。

莲花常常指代女子的美貌，比如李白有诗曰"清水出芙蓉，天然去雕饰"；白居易《长恨歌》云："芙蓉如面柳如眉"。

莲花因其清丽脱俗的外形而常常被历代文人用来形容人的品行高洁、为官清廉等。我们大家都熟悉的周敦颐之名篇《爱莲说》称其"出淤泥而不染"，就是这个含义，象征着中国传统文化中的一种理想人格。

莲花也有吉祥如意之意。大家都知道莲花原产于印度，印度是佛教的起源地，佛教的八宝吉祥，以莲花为首。莲花又名"荷花"，"荷"与"和"谐音，在神话故事八仙过海中，何仙姑手持荷花，表示祥和吉利。

说到莲花不得不说到"莲藕"，《采莲曲》中写到"牵花恰并蒂，折藕爱连丝"，因此莲花的这种"藕断丝连"往往用来形容男女爱情的缠缠绵绵。

lotus 在西方文化中的含义比之中国文化没有那么丰富，它主要是指莲花树，这起源于希腊和罗马神话，据说莲花树会结一种致人嗜睡和健忘的果实，人们吃了这种果实就会忘掉烦恼与忧愁，因此 lotus 含有"忘忧"的意思，也常常引申为不负责任、懒散安逸之意。相关的表达如 lotus land（安乐之乡），lotus eaters（醉生梦死、贪图安逸之人），lotus life（懒散闲适的生活）。

◆ 桂树（laurel）

桂树在中国传统文化中是吉祥、美好的象征。大家最熟知的词语莫过于"蟾宫折桂"，用来形容在考试或比赛中获得好成绩，这起源于古代的科举考试，一般科举考试是在农历八月举行，人们便把考中誉为"折桂"，并用吴刚月下砍桂花树的神话传说进一步渲染，美称"月中折桂""蟾宫折桂"。另外，桂树"重于香而轻于色"的品性，正与传统文化中所认同的沉厚内敛、不喜张扬等品质相契合，所以人们往往用桂花来意喻高洁淡泊的品性。此外，"桂"与"贵"谐音，旧时人们常把它与玉兰、海棠、牡丹同植庭前，取"玉堂富贵"之寓意。

laurel 在西方文化中也寓意着成功、荣誉。在西方国家，人们也将那些在诗歌方面取得卓越成就的诗人称为"桂冠诗人"。laurel 也有汉语中的"蟾宫折桂"的意思，比如 gain/win/reap one's laurel（比赛／考试夺冠）。此外，短语 rest on one's laurel 不是"在桂树上休息"，而是"不思进取，故步自封"的意思。例如，"We can't rest on our laurels and must forge ahead."（我们不能故步自封，必须勇往直前）。

◆ 柳树（willow）

柳树在古代汉语文化中主要有两方面含义。

一方面，柳树因其外形婀娜，常象征女子的美好、温柔，我们说的"柳叶眉""柳腰"都是用来形容女子的美貌，像上文提到的白居易在《长恨歌》里就用"芙蓉如面柳如眉"来形容杨贵妃的美丽。贺知章的《咏柳》"碧玉妆成一树高，万条垂下绿丝绦"也很形象地描述了柳树的万千妩媚。

另一方面，因"柳"和"留"谐音，文人有"折柳相赠"表达依恋不舍的惜别之情，尤其在边塞诗中的"杨柳枝"（曲名）常用来寓意军旅生活中人的思乡怀远之情，比如王昌龄的"羌笛何须怨杨柳，春风不度玉门关"；诗经中的"昔我往矣，杨柳依依……我心伤悲，莫知我哀"也表达了一种离别哀怨。

除此之外，柳树在古代还和娼妓、妓院联系在一起，比如"寻花问柳""残花败柳""蒲柳之身""花柳之巷"等。

willow 在西方文化中虽然也表达悲伤，但与中国文化的悲伤含义有所不同，这种悲伤、悲哀往往是因为某种"永恒的失去"造成的，比如失恋、挚爱的亲人离去等，这一点我们从西方文学作品就可以看出来，比如叶芝的 *Down by the Sally Garden*，汉语译为《柳园深处》，诗中虽然没有出现 willow，但从诗句" She bid me take love easy as the leaves grow on the tree... But I was young and foolish and now am full of tears（她说愿我爱得简单，就像树上长出绿叶……但那时的我年少无知，如今泪流满面）"中，我们能感受到诗人对逝去的纯真简单的悲伤感怀，所以诗歌名称翻译成《柳园深处》（又译《走过柳园》）是非常恰当的。在英语中，常见的表达如 wear the willow 表示悲悼心爱的人的去世，也有"服丧"的意思。此外，willow 还可以用于驱邪，类似于中国人在端午节前用艾草驱邪，不过在西方，人们是在复活节前用杨柳祈福，驱赶邪恶。

◆ 百合（lily）

百合在中国文化中的含义相对单一，人们首先想到的是"百年好合"，寓意爱情长久，婚姻美满，图个好兆头。新娘头戴百合花也是象征纯洁忠贞之意。

相对于百合在中国文化中的单一表征的特点，lily 在西方文化中却有着丰富的含义，百合花代表着纯洁、天真无邪，被称为"天堂之花""圣母之花"。lily 还用来形容女子的美貌，英语用 lily-white 来表示"纯真""洁白""完美"，也指皮肤洁白的人，如 as fair as lily（美如百合）。

◆ **玫瑰（rose）**

玫瑰在中国文化中尤其是在近代中国文化中也代表爱情，但这主要是受到西方文化的影响，是典型的"舶来品"，现在年轻人过情人节送玫瑰也是东西方文化交融的反映。在古代，"玫""瑰"这两个字最早和鲜花没有太大关系，"玫瑰"指的是一种红色的美玉。不过现代汉语中玫瑰除了象征爱情，还用来形容长得娇媚但是性格带刺的美女，这样的"玫瑰"美女一般都是"高贵典雅"，却又"天性泼辣"。

　　玫瑰在西方文化中是非常具有象征意义的植物，玫瑰深受欧洲人的喜爱，古希腊的建筑装饰、钱币和壁画中也有很多用玫瑰花作为主题的设计。在西方文化里，玫瑰早已超越植物学的领域，成为一个内涵繁复的文化符号。除了大家都知道的象征爱情、形容美貌（比如 roses in her cheek 白里透红的面容）外，还被认为是高贵的象征，代表着"尽善尽美"，相关的表达有 a bed of roses（床上铺满了玫瑰），意思就是"称心如意的生活"，类似的表达还有 be roses all the way（一帆风顺，万事如意），come up roses（很顺利完满的事情）。另外，玫瑰在西方文化中还有"保守秘密"的意思，比如 under the roses 意思是"私下的，秘密的"。

◆ 桃花（peach blossom）

中国是桃子的原产地，因其土生土长，桃花或桃子自然也被赋予了丰富的文化含义，具体主要体现在以下几个方面。

形容女子美丽，比如人们常说的"艳若桃李"，《诗经》有云："桃之夭夭，灼灼其华"，唐代诗人崔护更有诗曰"去年今日此门中，人面桃花相映红。人面不知何处去，桃花依旧笑春风"，足见在中国古代文化中桃花是形容女子艳丽的完美意象。

因为桃花早春开放，所以经常作为美好春光的象征，最常说的"桃红柳绿"就意指春天的到来。李白有诗曰"桃花春水生，白石今出没"，白居易有"人间四月芳菲尽，山寺桃花始盛开"，苏轼的《惠崇春江晚景》中更是直接描述了早春的景象："竹外桃花三两枝，春江水暖鸭先知"。

自陶渊明的《桃花源记》问世以来，"桃花源"就成为人们心目中理想社会的代名词，在那里人们可以过一种宁静、祥和、富足、安乐的生活，这种远离尘嚣的理想化境界类似于西方文化中的"Utopia（乌托邦）"，西方文化中的"阿卡迪亚""仙那度""香格里拉"都是类似"桃花源"的意象。

在民俗文化中，桃子表征生育、吉祥、健康、长寿等美好寓意。在神话和传说中，被称为"仙桃"和"寿桃"。此外，桃子因其"硕果累累"的特征，还引申出一个词语"桃李满天下"，专门用来形容教师培养的学生遍布各地，誉满天下，也是"硕果累累"的引申外延之意。

此外，中国古人认为桃树有驱赶邪气、避免祸事的功能，后来就衍生出了"桃符"，用于辟邪，王安石有诗曰"千门万户曈曈日，总把新桃换旧符"。

peach 在西方文化中也具有多重含义，具体如下。

形容皮肤白里透红、迷人的妙龄少女，甚至被当作衡量品质和美丽的标准。衍生词汇 peachy 除了有"桃粉色，粉红色"的意思，还有"极好的，漂亮的"的意思，比如 a peachy girl（一个漂亮妞），或者直接说 here comes a peach（来了位漂亮姑娘）。

表示"受人喜欢的人或物"（someone or something that is excellent or very pleasing），或者表示特别优秀、出众、令人钦佩的人，例如"He is really a peach in restaurant management."（在酒店管理这方面他真的是个人才。）

在俚语中，peach 可作动词使用，意为"告密，告发"，也即 to inform against, to betray。例如，"Have you heard the news? Tom has peached against us."（你听到消息了吗？汤姆出卖了我们。）

◆ 水仙（daffodil）

　　水仙，意味着"水中仙子"，花如其名，绿裙、青带，亭亭玉立于清波之上，中国人为其取名"水仙"是非常贴切的。古代关于水仙的诗词也很多，比如黄庭坚的"凌波仙子生尘袜，水上轻盈步微月"就把水仙的美好姿态描写得淋漓尽致，因此水仙也称"凌波仙子"，用来指代女子的青春。另外，水仙也被称为花中的"雅客"，寓意"高雅、脱俗"。在文人的眼中，"仙人之姿，君子之德"的水仙正是高洁人格的象征。

在西方文化，daffodil 往往暗指一个人妄自尊大，自恋自狂，颇有自我欣赏的意味。这与希腊神话中一个叫纳喀索斯（Narcissus）的美少年有关，他谁都不爱，而是迷恋上了自己在水中的倒影，其难以自拔，日渐憔悴，死后化成了水仙花。因此，Narcissus 这个词被称为"自恋情结"，暗含"自恋、孤独、抑郁"的意思。

除了这个著名的寓意，在英国的浪漫主义思潮中，英国湖畔派代表诗人威廉·华兹华斯（William Wordsworth）使水仙回归大自然中，赋予了其浪漫恬静的色彩，"A host, of golden daffodils, beside the lake, beneath the trees, Fluttering and dancing in the breeze... And then my heart with pleasure fills, And dances with the daffodils（金色的水仙花迎春开放，在树荫下，在湖水边，迎着微风起舞翩翩……于是我的心便涨满幸福，和水仙一同翩翩起舞）"，可见西方文化中的水仙也代表了春天与活力，以及纯真美好。

翻译链接

带你认识中西方特色植物

从上述内容我们能清楚地感受到相同的植物花卉放到不同的民族文化背景下就被赋予了不同的文化含义，那么有没有每个民族或者国家所特有的植物呢？当然有，有不少植物词汇只出现在中国文化里或者西方文化里，下面就通过表 8-2 来认识一下吧。

表 8-2　中西方特色植物的文化含义

中西文化之特色植物的象征含义	
中国特色植物文化	**松竹梅** 　　典型的"岁寒三友"，历代文人墨客对其赞赏有加，比如"大雪压青松，青松挺且直""咬定青山不放松，立根原在破岩中。千磨万击还坚劲，任尔东西南北风""宝剑锋从磨砺出，梅花香自苦寒来"都是对其坚忍不拔的美好气质的赞美。 **菊花** 　　菊花在深秋傲霜怒放，代表不畏严寒、傲然不屈的高尚品格，唐代元稹有诗云"不是花中偏爱菊，此花开尽更无花"；菊花开在百花凋零之后，不与群芳争艳，因此也代表了一种恬淡自处，陶渊明的"采菊东篱下"就借菊花表明了自己淡泊宁静的高风亮节；菊花盛开在重阳，意为"久久"，重阳赏菊，也就蕴含了敬老爱老的喻义。 **牡丹** 　　牡丹是中国的国花，姿态优美，雍容华贵，唐代诗人刘禹锡赞其"唯有牡丹真国色，花开时节动京城"。诗人皮日休称牡丹"竞夸天下无双艳，独立人间第一香"。自唐宋以来，牡丹成为吉祥幸福、繁荣昌盛的象征，并得以世代延续下来。
西方特色植物文化	**olive（橄榄）** 　　橄榄被称为"百树之王"，是西方文明中的"圣树"，橄榄枝是和平的象征，橄榄绿具有喜悦、希望、平安、和平的意义。古代奥运会举办期间各国都会停战，相关的英语表达 hold out the olive 就是"休战，求和"的意思。 **lemon（柠檬）** 　　形容人的时候表示"傻瓜，笨蛋"，如 you are a lemon(你这个笨蛋)；形容物体时，意为"没用的东西，不成功的东西"(something that does not work)，比如" The old car is a lemon."(那辆破车没法开。)lemon 还可以表示"不值钱的东西"，比如" My second-hand mobile phone is a lemon. "（我的二手手机不值钱。） **palm（棕榈树）** 　　棕榈象征着胜利，如 bear the palm 表示"获胜，夺冠"。

（续）

中西文化之特色植物的象征含义	
西方特色植物文化	**grape（葡萄）** 　　葡萄在西方文化中的象征意义最初源于《圣经》，象征苦难、报复、愤怒或者新生，美国作家约翰·斯坦贝克（John Steinbeck）的《愤怒的葡萄》（*THE GRAPES OF WRATH*）就通过大批农民破产逃荒的故事反映了这层寓意。其他的表达比如 sour grapes（酸葡萄）喻指由于得不到而加以贬低的东西，这也是我们常说的"酸葡萄心理"，the grapevine 表示"小道消息，传闻"。
	cucumber（黄瓜） 　　表示非常淡定，如 as cool as cucumber 表示遇事不慌，镇定自若。

中西方植物文化可以这样翻译

　　通过了解上面这些形形色色的植物，相信大家都发现了其中的文化趣味，但是仅仅了解其趣味是不够的，还需要大家吸收消化并运用到实际的翻译中来，下面我们借此机会浅谈一下在具体语境中应该注意的各种植物翻译事项。

◆ 多用直译法

　　直译法就是英汉两种语言意思相同，按照字面意思翻译即可，这种字面翻译也是出于最大程度还原原文的需要。例如：

peachy cheeks　桃腮

almond eyes　杏眼

laurel wreath 桂冠

not see the wood for the trees 见树不见林

Rather one bite of a peach than eat a basketful of apricots.

宁吃鲜桃一颗，不吃烂杏一筐。

◆ 善用意译法

当直接翻译会影响翻译效果甚至会造成误解时，就可以采用意译法，力求将原文表达的含义传神地翻译出来。因此，意译法可以简单理解成"按照意思翻译"，不拘泥于形式。比如：

gild the lily 画蛇添足

potatoes and roses 粗茶淡饭

spring up like mushroom 雨后春笋

separate the wheat from the chaff 区别良莠

come out smelling of roses 出淤泥而不染

探秘之旅

领略四季变换轮回之美 - - - - - - - - - - - - - ◀◀◀

求知不倦

四季流转，万物更新，世界上大部分国家和地区几乎都要经历这奇妙的季节变化，相信人们对四季的感官认知是一样的，不同的是潜藏在四季变化背后的象征意义。这种象征意义往往跟民族文化有很大联系，这是由于不同民族在其各自的社会、历史、经济发展中赋予了四季变化特有的"民族色彩"，从而形成了一种特有的季节表达文化现象。在不同的语言中这些表达所蕴含的文化寓意也不尽相同，翻译时应该注意其文化差异而尽力做到精准优美。下面我们就来认识一下中西方四季的文化内涵及其翻译方法。

中西方四季文化有何不同？

◆ 中西方文化之"春"

春天是一年四季的开端，人们说"一年之计在于春"，可见春天是一个非常重要的季节。那么，在西方文化中，人们对于春天有着怎样的理解呢？一起来看看下面的内容吧。

在中国，春天意味着万物复苏，正如朱自清所说的"一切都像刚睡醒的样子，欣欣然张开了眼"，因此"万物生"的春天意味着希望和美好。"不知细叶谁裁出，二月春风似剪刀""忽如一夜春风来，千树万树梨花开""随风潜入夜，润物细无声"都是对"春"的赞美，春天是向人间传递美好的使者。

春天的美好，容易让人联想到"美人""心爱之人"，因此春天也有表征美好的人和事物的作用，"春已归来，看美人头上，袅袅春幡""落红不是无情物，化作春泥更护花"，都借春天表达了对"美人"的怜惜爱恋之情。

春天虽然美好，但美好的东西比较短暂，也容易逝去，因此历代文人墨客都对这种"逝去的美好"表达了感伤之情，因此春天尤其是"暮春时节"也是忧伤之情的象征。李白有诗曰"春风知别苦，不遣柳条青"，最著名的就是南唐李后主的"流水落花春去也，天上人间""问君能有几多愁？恰似一江春水向东流"，这种淡淡的忧伤借"春"这一意象表露无遗。

此外，汉语中有"春梦"一词，意思是世事繁华如春梦，虽然美好，但易成空。苏轼更是有言曰"人似秋鸿来有信，事如春梦了无痕"，比喻世事变幻。

在西方文化中，春所蕴含的基本文化内涵和在中国文化中的内涵基本一致，西方文学中描写春天的作品也数不胜数。比如托马斯·纳什（Thomas Nash）就曾写诗道："SPRING, the sweet Spring, is the year's pleasant king, Then blooms each thing, then maids dance in a ring, Cold doth not sting, the pretty birds do sing, Spring! the sweet Spring!"（春，甜美之春，一年中最美好的时间，万物吐芳艳，姑娘们舞蹁跹，轻寒不袭人，小鸟歌满天，春！甜美之春！）我们通过这样直观生动的描述，能够感受到西方人对春天直接、热烈、奔放的感情，这说明西方人对春天的感情和中国人是共通的。

翻译链接

感受中西方不同的春风——东风与西风

在中国文化里，提到春天就会自然想到和煦温暖的"东风"，之所以称为"东风"，跟我国所处的地理位置有关，我国地处太平洋西部，来自东面大海的风称之为"东风"。

汉语有"东风报春"的说法。正如袁枚所说的"春风如贵客，一到便繁华"，也有很多古代文人也都感叹于东风的魅力，如"东风夜放花千树""二月二日江上行，东风日暖闻吹笙"，"东风"似乎代表了温暖，孕育着万物复苏的力量，就连近代散文家朱自清也说道："盼望着，盼望着，东风来了，春天的脚步近了。"可见，东风在中国文化中就指代春天。

在讲述西风地理原因的时候我们这里以英国为例，大家都知道英国在大西洋的东部，每年的春季是最温暖、最舒适的季节，因为来自大西洋的风会使气候温暖而湿润，这里的风是"西风"。

英国人对西风的喜爱就如同中国人对东风的感情，著名浪漫主义诗人雪莱的《西风颂》想必大家耳熟能详："Oh, wind, if winter comes, can spring be far behind?"这里的 wind 就是 west wind，一句"假如冬天已经来临，春天还会远吗？"不仅传达了西方人对西风的喜爱，更表现了坚信未来的浪漫主义情怀。

◆ 中西方文化之"夏"

在中西方文化中似乎对"夏"着墨比较少，下面我们简单了解一下中西方文化中的"夏天"韵味。

在中国文化中，对于夏天一般是用"就事论事"的叙事手法描写，并没有太多的含义包含其中，基本上是对"夏天"这一时令的直接自然描述。比如谢灵运的"首夏犹清和，芳草亦未歇"，岑参的"残云收夏暑，新雨带秋岚"，范成大的"连雨不知春去，一晴方觉夏深"，杜甫的"清江一曲抱村流，长夏江村事事幽"和秦观的"芳菲歇去何须恨，夏木阳阴正可人"，也正是通过这些夏天特有的绿意盎然，给人直观的"浓浓夏意"。

另外在中国文化里，还有夏天特有的两种现象：一是"夏芒（忙）"，农民忙着夏收小麦；二是酷暑难耐"纳凉"。关于描述夏天收麦子的繁忙景象，古代诗歌早有反映，比如白居易的《观刈麦》"田家少闲月，五月人倍忙"，而辛弃疾的"稻花香里说丰年，听取蛙声一片"中夏天的蛙声预示着收获稻子的喜悦。

"纳凉"大概是中国文化的特有现象了，古代诗词不乏有对这种现象的描写，比如杨万里的《夏夜追凉》"夜热依然午热同，开门小立月明中。竹深树密虫鸣处，时有微凉不是风。"秦观也有诗曰"携扶来追柳外凉，画桥南畔倚胡床。"

在西方文化中，夏天是热情可爱的代名词，比如莎士比亚就直接坦言"Shall I compare thee to a Summers day?"（我能否把你比作夏日？）把自己心爱的女孩子比作夏日。济慈也称赞"夏天"是 summer luxury，可见整体上西方人对夏天的基调是明媚热情的。

◆ 中西方文化之"秋"

秋天是收获的季节，同时又给人一种"秋风起"的萧瑟之感。秋季作为从温暖转向寒冷的过渡季节，自然在中西方文化中也有着深刻的文化蕴意，接下来我们就一起来感受东西方文化中的秋天吧。

秋天总给人一种萧瑟寒凉之意，欧阳修在《秋声赋》中直接描写了秋带给人的寒冷意象："盖夫秋之为状也：其色惨淡，烟霏云敛⋯⋯其气栗冽，砭人肌骨；其意萧条，山川寂寥。故其为声也，凄凄切切，呼号愤发。"人们说"一场秋雨一场凉"，直接的感官认知告诉我们"秋"是个冷色调的词，在中国文化中主要有以下几种象征。

从汉字"愁"这个字就可以理解为"秋心起，发愁时"，所以一谈到秋天，一般很容易想到哀愁、悲伤，人们常说"多事之秋""一场秋雨一场凉"。历代诗歌也不乏对"秋愁"的感叹，"寂寞梧桐深院锁清秋。剪不断，理还乱，是离愁，别是一番滋味在心头""少年不识愁滋味……而今识尽愁滋味，欲说还休。欲说还休，却道天凉好个秋""万里悲秋常作客，百年多病独登台"，可见自古文人墨客对于秋天总是怀有一种愁苦滋味。

虽然秋天给人萧瑟寂寥之感，但是秋天也意味着酷暑已去，凉爽之意随之而来。正如欧阳修说的"其容清明，天高日晶"，正是这种天朗气清、秋高气爽让很多古代诗人心情舒畅，充满了乐观情绪，唐代诗人刘禹锡在《秋词》中直言"自古逢秋悲寂寥，我言秋日胜春朝。晴空一鹤排云上，便引诗情到碧霄"，这样豪情万丈的秋歌赞让我们感受到了中国文化中不一样的秋天。苏轼也曾"规劝"大家"一年好景君须记，最是橙黄橘绿时"。

此外，秋天也代表着丰收，人们说"春华秋实"，秋天带给人们的除了秋愁外，还有"秋实"带给人的厚重感。比如李绅在《悯农》中直言"春种一粒粟，秋收万颗子"，王维的"夕雨红榴拆，新秋绿芋肥"都描述了秋天收获的景象。

总体来讲，中国文化中对于秋天总有种"悲秋"情结，甚至"秋月"也成了思念、愁苦的代名词。

在汉语中，"春"和"秋"合起来可以代表"年纪，一年，岁月"，我们说某人度过了多少个春秋，就是说活了多少年。中国文化也把历史称为

"春秋"。

在西方文化中，秋是指秋分至冬至的时间段，虽然时间段同中国气象文化是吻合的，但是联想意义有相同之处也有不同之处。

整体上，西方人似乎对秋表达了更多的喜爱之情。比如艾米莉·勃朗特（Emily Bronte）曾说道"Every leaf speaks bliss to me, fluttering from the autumn tree."（每一片飘落的秋叶，都在向我诉说着欣喜。）威廉·阿林厄姆（William Allingham）的"Now Autumn's fire burns slowly along the woods. And day by day the dead leaves fall and melt."（现今，秋天的气息像火焰般沿着树木蔓延。随着一天天地过去，秋叶飘落入泥。）阿尔贝·加缪（Albert Camus）说"Autumn is a second spring when every leaf is a flower."（秋天即是第二个春天，每片叶子都是花朵。）

西方人也有种悲秋的情绪，但是这种情绪不同于中国文化的"悲秋"，中国诗歌的悲秋带有一种"感士不遇"，大多是因个人经历坎坷、仕途不顺等原因造成的个人的忧愁和哀伤，而英国诗歌中的悲秋是对整个生命、整个大自然规律所带来的消亡的一种理性思考，是一种宏观气象下的悲秋，一种看到消亡又看到消亡带来新的生机的哀伤，比如著名诗人济慈的《秋颂》，"season of mists and mellow fruitfulness, close bosom-friend of the maturing sun... where are the songs of spring? Ay, where are they? Think not of them，thou hast thy music too."（雾气洋溢、果实圆熟的秋，你和成熟的太阳成为友伴……啊！春日的歌哪里去了？但不要想这些吧，你也有你的音乐。）

整体来说，西方人对秋天还有喜爱之情，能够从大自然的季节更替中看到万物有时的自然规律，因而多了一份乐观和从容。

◆ 中西方文化之"冬"

冬天是肃杀的，也是寒冷的，在中国文化里关于冬天的描述似乎都带有寒冷的色彩。比如刘长卿的"日暮苍山远，天寒白屋贫。柴门闻犬吠，风雪夜归人"，柳宗元的"千山鸟飞绝，万径人踪灭。孤舟蓑笠翁，独钓寒江雪"，足以让人感到冬天的肃杀氛围。但是，到了冬天有一种特殊的花卉会开放，那就是梅花，使得冬天在中国古代文化里多了一丝高洁和暖意，比如"梅须逊雪三分白，雪却输梅一段香""墙角数枝梅，凌寒独自开。遥知不是雪，为有暗香来"都是对冬天特色植物的描写。

在西方文化中，冬天似乎也并没有太多引申义，不过在莎士比亚的《不惧冬风凛冽》（*Blow，blow, thou winter wind*）这首诗中借冬天的寒风凛冽暗示了人情寡淡、世事难料，正如诗人所说"友交皆虚妄，恩爱痴人逐"。其他关于冬天的文化意象也是直观描述多于意象转达，这里不再多加赘述。

中西方四季文化可以这样翻译

通过上面对四季文化的解读，我们似乎在中西方文化的海洋中再次感受到了春夏秋冬的变幻，在有四季意象出现的翻译实践中，我们也应该注意这些潜在的文化含义。下面我们通过几个具体实例来体会一下四季文化在具体语境中应该注意的翻译事项。

◆ 尝试直译法

当汉语中的"春""秋"直接对应英语中的 spring 和 autumn 时，我们直接采用直译法翻译即可，比如"姣若春花，媚如秋月"可以直接译为"Lovely as spring blossom, entrancing as the autumn moon"。

再比如"桂冠诗人"约翰·梅斯菲尔德（John Masefield）的"It's a warm wind, the west wind, full of birds'cries,... And April's is in the west wind, and daffodils."就可以直接译为"那是一种温暖的风，西风吹时，万鸟争鸣……春天就在西风中到来，还有水仙。"

◆ 妙用意译法

意译法就是原文不可以直白地翻译成春夏秋冬，需要根据语境来做调整以达到传意传神。比如：

Thine azure sister of the spring shall blow,

Her clarion o'er the dreaming earth.

但有朝一日，你那东风妹妹回来，为沉睡的大地吹响银号。

这里的 sister of the spring 没有译为"春风妹妹"，而是采用意译法译为了"东风妹妹"，使行文流畅，语意更加贴切。

温故知新

通过前面内容的学习，我们饱览了"译"界好风光。那么，你是否感叹几个简单的数字竟然也有如此文化魅力，是否惊讶大千世界的五颜六色竟然也有"色彩斑斓"的文化蕴意，是否在大自然的花花草草上感受到了清净自然的文化属性，又是否在四季变换轮回之中领略了中西方文化的差异与共通之处呢？下面我们来"温故"一下前面学习的内容，这样才能"知新"翻译内容，增强翻译理解，提升翻译水平。

1. 关于含有数字词汇、短语的翻译，需要了解中国文化中的数字含有一定的古代中国哲学思想，而西方文化中的数字则与其源远流长的神话传说有关，翻译时务必结合语境进行翻译。

2. 中西方关于色彩的文化感知差异较大，翻译时除了关注其不同的文化色彩，还应注意积累关于色彩的固定表达，以便翻译时做到精确无误。

3. 中西方关于大自然的草木文化感知基本一致，但也有一些植物因地理环境不同而具备了特有的文化寓意，翻译时应注意源语和译语转换的过程中思维也应随之转换，以免翻译出现偏差。

4. 关于四季题材的翻译，更多地应从中国文化关注个体感受和西方文化注重观察宏观自然变化规律这种中西方思维差异的层面去奠定整个翻译的基调，同时应多关注中西方诗歌文学作品，这样有助于使翻译的内容更加优美形象。

探秘之旅

参考文献

[1]　白靖宇．文化与翻译 [M].北京：中国社会科学出版社，2010.

[2]　包惠南，包昂．中国文化与汉英翻译 [M].北京：外文出版社，2004.

[3]　陈福康．中国译学理论史稿 [M]．上海：上海外语教育出版社，1992.

[4]　范洁．多元文化碰撞下的英汉对比及翻译问题研究 [M].长春：吉林大学出版社，2020.

[5]　冯庆华，刘全福．英汉语言比较与翻译 [M].北京：高等教育出版社，2011.

[6]　高东山．英诗格律与欣赏 [M].香港：商务印书馆，1990.

[7]　高华丽．中外翻译简史 [M].杭州：浙江大学出版社，2009.

[8]　顾子欣．英诗 300 首 [M].北京：国际文化出版公司，1996.

[9]　龚光明．翻译美学新论 [M].上海：上海交通大学出版社，2016.

[10]　韩德英．文化翻译的多重视角探究 [M].北京：中国原子出版社，2018.

[11]　郝丽萍，李红丽，白树勤．实用英汉翻译理论与实践 [M].北京：机械工业出版社，2006.

[12]　何江波．英语翻译理论与实践教程 [M].长沙：湖南大学出版社，2010.

[13] 胡伟华.翻译与文化新论 [M].长春：吉林大学出版社，2018.

[14] 黄书泉.文学批评新论 [M].合肥：安徽大学出版社，2001.

[15] 孔慧怡.翻译·文学·文化 [M].北京：北京大学出版社，1999.

[16] 黎昌抱，邵斌.中外翻译理论教程 [M].杭州：浙江大学出版社，2013.

[17] 李冰梅.文学翻译新视野 [M].北京：北京大学出版社，2011.

[18] 李国华.文学批评学 [M].保定：河北大学出版社，1999.

[19] 李建军.文化翻译论 [M].上海：复旦大学出版社，2010.

[20] 李长栓.非文学翻译理论与实践（2 版）[M].北京：中译出版社，2012.

[21] 刘华文.汉诗英译的主体审美论 [M].上海：上海译文出版社，2005.

[22] 刘军平.西方翻译理论通史 [M].武汉：武汉大学出版社，2009.

[23] 刘宓庆，章艳.翻译美学理论 [M].北京：外语教学与研究出版社，2011.

[24] 刘宓庆.当代翻译理论 [M].台北：书林出版公司，1993.

[25] 刘宓庆.翻译美学导论（2 版）[M].北京：中国对外翻译出版有限公司，2012.

[26] 刘宓庆.现代翻译理论 [M].南昌：江西教育出版社，1990.

[27] 马会娟.汉英文化比较与翻译 [M].北京：中国对外翻译出版有限公司，2014.

[28] 孙致礼.新编英汉翻译教程 [M].上海：上海外语教育出版社，2003.

[29] 王毅.英汉互译理论与实践 [M].长春：东北师范大学出版社，2018.

[30] 吴晟.中国意象诗探索 [M].广州：中山大学出版社，2000.

[31] 武峰.十二天突破英汉翻译——笔译篇 [M].北京：北京大学出版社，2010.

[32] 武锐.翻译理论探索 [M].南京：东南大学出版社，2010.

[33] 谢天振.中西翻译简史 [M].北京：外语教学与研究出版社，2009.

[34] 许渊冲.中诗英译比录 [M].香港：香港三联书店，1988.

[35] 颜林海.翻译审美心理学 [M].北京：科学出版社，2015.

[36] 杨晓荣.翻译批评导论 [M].上海：华东师范大学出版社，2018.

[37] 岳中生，于增环.生态翻译批评体系构建研究 [M].北京：科学出版社，2016.

[38] 张今.文学翻译原理 [M].开封：河南大学出版社，1987.

[39] 赵璐.基于语言与文化对比的英汉翻译探究 [M].长春：吉林大学出版社，2019.

[40] 朱元富.跨文化背景下翻译的汉语文化转向 [M].长春：吉林大学出版社，2016.

[41] 陈小雨.翻译家杨绛的精神 [J].文教资料，2008（8）.

[42] 邓海涛.翻译目的论视域下的译者主体性研究 [J].沈阳师范大学学报，2009（6）.

[43] 邓琳.翻译中的矛盾 [J].活力，2010（3）.

[44] 范武邱，白丹妮.当代中国翻译研究中凸现的几对矛盾 [J].外语教学，2017（4）.

[45] 侯丽，张维峰.关于翻译标准"忠实"矛盾性的探讨 [J].西南科技大学学报（哲学社会科学版），2012（2）.

[46] 呼莹莹.中西文化的差异背景下的中国古诗词英译研究 [J].读与写杂志，2019（3）.

[47] 黄燕芸，余荣琦.译者主体性困境与翻译主体性建构 [J].山东农业工程学院学报，2020（4）.

[48] 姜学龙.中英标点符号对比研究及其在翻译中的处理策略 [J].成都工业学院学报，2017（2）.

[49] 金瑞.译者主体性在傅雷翻译实践中的体现 [J]. 海外英语，2019（12）.

[50] 李思博.翻译批评与赏析 [J].现代交际，2019（8）.

[51] 廖七一.许钧与翻译批评 [J].外语教学理论与实践，2020（2）.

[52] 刘萍萍.文学翻译中的"忠实"与"叛逆"[J]. 湖南城市学院学报，2006（3）.

[53] 孙华丽.中国古诗词翻译技巧研究 [J].三峡大学学报（人文社会科学版），2020（4）.

[54] 王慧.论译者的主体性地位 [J]. 剑南文学（下半月），2011（12）.

[55] 向欣雨.目的论视角下《红楼梦》颜色词翻译研究探析 [J].英语广场，2020（4）.

[56] 严复.翻译思想中的矛盾性及其原因 [J]. 淮阴师范学院学报（哲学社会科学版），2015（5）.

[57] 赵祥云，李颖.文学翻译中的"叛逆"与"忠实"[J]. 南华大学学报（社会科学版），2006（5）.

[58] 赵燕.从"三美论"角度赏析中国古典诗词翻译——以许渊冲的诗词英译为例 [J].文学评论·古典文学，2019（27）.

[59] 张德玉.从诗人译诗诗学角度看《 The road not taken 》两译本——对比分析顾子欣和曹明伦译本 [J].校园英语，2018（7）.

[60] Catford，J. C. *A Linguistic Theory of Translation*[M]. London：Oxford University Press，1965.

[61] Newmark，P. *About Translation*[M]. Beijing：Foreign Language Teaching and Research Press，2006.